VIDAS ROBADAS

Asesinatos por fuerzas policiacas

Ordenes por mayoreo (mas de 10 copias), contactar la Coalición 22 de Octubre

ISBN: 0-9675136-0-X

Eventos actuales, historia, leyes, ciencia política, ciencias sociales, crimen.
Current events, history, laws, political science, social sciences, true crime

Stolen Lives es un proyecto de:

Coalición 22 de Octubre para poner fin a la Brutalidad Policial
Represión y Criminalización de una Generación.
P.O. Box 2627
New York, NY. 10009
212-477-8062
212-477-8015 (fax)
1-888-NO BRUTALITY
www.october22.ORG
office@october22.ORG

Fundación Anthony Baez
6 Cameron Place
Bronx, New York 10453
718-364-2879
718-798-2466
718-653-1681

National Lawyers Guild
8124 West 3rd Street
Suite 201
Los Angeles, Ca. 90048
323-658-8627
323-653-3245 (fax)

INTRODUCCIÓN

por Karen Saari

En el otoño de 1996 un amigo mío que colaboraba en la organización del primer Día Nacional de Protesta para Parar la Brutalidad Policial, (National Day of Protest to Stop Police Brutality) me invitó a participar. En el transcurso de las reuniones, conocí a algunos de los familiares de las víctimas de la policía. Al escuchar los testimonios de cómo sus seres queridos habían sido asesinados, me horroricé. Como muchos, yo había creído en los informes de la prensa acerca de estas muertes las cuales casi siempre describían a las víctimas como criminales que presentaban amenazas inminentes para la comunidad. Después de conocer y hablar con muchos familiares de las víctimas y también con testigos oculares de los hechos durante los últimos tres años, me di cuenta de que esa versión, tan común en los medios de comunicación, estaba muy lejos de ser verdad.

En las reuniones de organización, escuché de asesinatos que ocurrían semanalmente y decidí llevar un récord de estas muertes. Empecé mi propia investigación recolectando y archivando artículos de periódicos que exponían los casos. Hasta donde me fue posible, me comuniqué con las familias de las víctimas para conocer su propia versión de los acontecimientos. Hasta ahora no he escuchado ninguna que coincida con la de la policía.

Por otro lado, tres organizaciones independientes; la Fundación Anthony Báez, (Anthony Baez Foundation) nombrada así en memoria de un joven puertorriqueño estrangulado a manos de la policía, el Gremio Nacional de Abogados (National Lawyers Guild), y la Coalición 22 de Octubre para Parar la Brutalidad Policial, la Represión y la Criminalización de una Generación (October 22 Coalition to Stop Police Brutality, Repression and the Criminalization of a Generacion), iniciaron el Proyecto Vidas Robadas (Stolen Lives Project). En 1997, se publicó la primera edición de Vidas Robadas, la cual informaba sobre 500 casos de violentos asesinatos por la policía y patrullas fronterizas desde 1990.

Me uní al Proyecto Vidas Robadas, y con una beca de la Fundación San Francisco (San Francisco Foundation) y una donación de la administración fiscal del Centro por la Paz y la Justicia del Condado de Sonoma, (Sonoma County Center for Peace and Justice), colaboré con el Proyecto Censura (Project Censured), de la Universidad Estatal de Sonoma, e inicié una investigación usando como fuentes los bancos de datos, tales como Lexis-Nexus y los periódicos nacionales, buscando casos de violencia policial en el año 1997. La investigación produjo casi la mitad de los casos publicados en esta edición.

Simultáneamente, se transmitieron anuncios públicos en el canal MTV (Music Television), grabados por artistas y familiares de las víctimas. Organizaciones tales como Médicos para la Responsabilidad Social (Physicians for Social Responsibility) contribuyeron monetariamente para llevar al aire los anuncios en el canal BET (Black Entertainment Television). Estos anuncios invitaban al público a enviar al Proyecto Vidas Robadas, cualquier información que tuvieran de personas muertas por la policía. Tanto individuos como organizaciones, entre las que se cuenta el Centro por los Derechos Constitucionales (Center for Constitutional Rights), difundieron la noticia sobre el proyecto Vidas Robadas. Los familiares y amigos de las víctimas, los abogados de los casos de violencia policial y algunos grupos locales de derechos civiles, contribuyeron aportando información a los demás grupos. Fue así como se descubrieron varios de los casos aquí presentados.

El por qué de esta investigación

Porque el gobierno no informa al público de la trascendencia de estos crímenes cometidos por la policía. El Decreto Penal de 1994 ordena que el Ministerio de Justicia (US DOJ), recopile y disemine las estadísticas concernientes al número de personas asesinadas por la policía. Sin embargo, bajo argumentos de que no recibió los fondos necesarios, el Ministerio de Justicia no llevó a cabo esta investigación. Los últimos reportes anuales del Ministerio de Justicia, han reportado una cifra constante de 350 casos de "homicidios justificados" por la policía. Ni el nombre, el lugar o la descripción de estos "homicidios justificados" son ofrecidos. ¿Cómo saber lo que realmente sucedió en estos casos? ¿Cómo saber algo de las vidas y sueños de estas víctimas anónimas y desconocidas, o del dolor y la angustia de aquellos que sufrieron la pérdida?

El número de individuos muertos a manos de la policía alcanza cifras epidémicas, sin que se culpe a nadie por estos crímenes. Estos individuos mueren acribillados a balazos habiendo dado poca o ninguna provocación. Mueren por estrangulación, amarrados como animales, asfixiados, rociados con gases, golpeados y perseguidos en sus autos a altas velocidades por las patrullas. Mueren en la calle, en sus hogares, y en áreas fronterizas, mueren en las cárceles y penitenciarais. Bajo el pretexto de proteger a la sociedad de actos criminales, (en una época en que el índice de delincuencia es el más bajo en décadas), una gran cantidad de individuos son acosados, agredidos, y como se documenta en este libro, también son asesinados.

Los defensores de la ley involucrados en estos crímenes casi nunca reciben el castigo merecido, ni pasan por el proceso judicial adecuado. Más aún, si las familias de las víctimas hacen las debidas acusaciones, o llevan a juicio a los culpables, enfrentan serias dificultades tales como la imposibilidad de encontrar un abogado que este dispuesto a iniciar un proceso legal, pero, si encuentran un abogado que inicie el juicio, los litigios son penosamente prolongados y demasiado costosos de investigar. Y, aun el abogados que este dispuesto a llevar el caso a la corte, enfrenta los mismos obstáculos. De igual manera las familias que intentan llevar los casos a litigación, son objeto de intimidaciones por las mismas agencias policiales que asesinaron a sus seres queridos. Por otra parte, aquellas familias que encuentran representación legal, a menudo se encuentran con que sus casos son rechazados en las fases preliminares. En los casos en los que las familias de las víctimas ganan el litigio, solamente reciben una compensación monetaria; en realidad, no hay justicia verdadera (la policía no asume ninguna responsabilidad) para los familiares de las víctimas. Se sabe de solamente un puñado de casos en los que los oficiales responsables han sido acusados, encontrados culpables y sentenciados a cárcel.

El público en general ignora la magnitud de este problema. Esto se debe en parte a que los medios de comunicación no le dan la debida importancia al asunto. A excepción de algunos casos de alta cobertura periodística como el de Amadou Diallo y el de Tyisha Miller, en general, un asesinato por la policía ocupa unas pocas líneas en las ultimas paginas de los periódicos. Los titulares de estas noticias en la mayoría de los casos son pequeños y tal vez ocupen unos 60 segundos de las noticias locales en la televisión y la radio y, poco tiempo después del incidente, este se queda en olvido. Esto deja al público con la impresión errónea de que los asesinatos por la policía se reducen a unos cuantos incidentes aislados. Pero cuando se recopilan los casos como se ha hecho en este libro, se nota claramente que los asesinatos por la policía son parte de una epidemia nacional.

En las ocasiones en que algún relato de violencia policial es transmitido a través de los medios de comunicación, los reporteros solamente le dan crédito a la versión de la policía: no tuvimos otra alternativa que la de disparar. Muchos familiares de las víctimas afirman que sus seres queridos fueron asesinados por partida doble; una vez por la policía y la otra por la prensa. Es común que la prensa no busque ningún otro tipo de testigo, ni entreviste a los familiares de las víctimas para conocer su versión de los acontecimientos. Al reportar solamente la versión de la policía y al negarse a investigar estos casos a fondo, la prensa contribuye a que el público permanezca ignorante acerca de la magnitud de la violencia policial. Al dar mi testimonio ante el Tribunal de la Comisión de Derechos Humanos Estadounidense en el Condado de Sonoma, expresé que el problema con la prensa era la falta de compromiso para actuar como guardián del publico ante la violencia policial y de responder como guardián del publico ante la violencia policial, y esto la convierte en cómplice de estos actos criminales.

Objetivo del proyecto Vidas Robadas

El objetivo de este proyecto es el de compilar a nivel nacional una lista de los nombres de personas asesinadas por los defensores de la ley desde 1990 hasta el presente. Vidas Robadas se propone exponer las verdaderas circunstancias de los casos a la vez que le da cara humana a esta aterradora epidemia de violencia policial. Las víctimas de la violencia policial fueron parte de nuestra sociedad. Sin embargo, sus nombres y sus vidas casi no se mencionan. De igual manera, las circunstancias de su muerte no son investigadas o reveladas. El proyecto Vidas Robadas se propone restaurarles su dignidad, y, aunque sus vidas han sido arrancadas de las nuestras, no podemos permitir que queden en el olvido.

¿Quiénes son las víctimas?

Los principales objetos de la violencia policial se encuentran los individuos de raza negra y los hispanoamericanos. Sin embargo, estos datos no figuran en ninguno de los artículos periodísticos que investigamos sobre los asesinatos a manos de la policía. En los casos incluidos en este trabajo en cuales se conoce la nacionalidad de las víctimas, más de tres cuartas partes de los casos, las víctimas son personas de color. Muchas de las víctimas son jóvenes y en su mayoría varones. Desde la frontera con México hasta las calles de Houston y otras ciudades y pueblos, hay un gran numero de personas que han sido asesinadas por la policía o por patrullas fronterizas por el simple hecho de ser inmigrantes.

• Y mientras es verdad que los mas afectados son jóvenes de color, la violencia policial ocurre con más frecuencia donde menos se espera: en comunidades blancas y las víctimas son mujeres, enfermos mentales, los perturbados psicológicamente, los minusválidos, y aun entre personas de edad y personas mayores de 80 años.

•En la mayoría de los casos mencionados en nuestro estudio, se trata de personas que en el momento de los hechos, o se encontraban desarmadas sin haber cometido ningún crimen, o se encontraban en situaciones donde el uso de la fuerza física no era necesario.

•Muchas de estos crímenes cometidos por la policía fueron el resultado de una llamada de emergencia al 911. Los familiares de la víctimas jamas se imaginaron que la violencia policial trastocaría sus vidas. Los padres de las familias en crisis nunca se imaginaron que al llamar a la policía para pedir ayuda para un hijo suicida, este moriría a manos de las mismas fuerzas que debían prestarle ayuda.

•Algunas de las víctimas no tenían la mas mínima idea de que los agentes en ropa civil que invadían sus hogares o sus comunidades, eran policías y agentes no uniformados.

•Se han dado casos en los que individuos sordomudos o personas que no hablan el idioma ingles, han sido asesinadas por no haber entendido u oído los mandatos de la policía.

Dadas las tendencias actuales de los cuerpos policiales, es de esperarse que estos abusos continúen, o peor aun, que aumenten. El propósito de este proyecto es el de dar 'la voz de alarma' para pedir a las comunidades de todo el país que hablen y actúen para poner un alto a esta epidemia de violencia policial.

Otras situaciones alarmantes

•Una vez la policía llega a la escena, con frecuencia, el conflicto aumenta en vez de disminuir. De igual manera, hay un aumento del uso de unidades paramilitares (por ejemplo los equipos SWAT, Equipos de Respuesta de Emergencia), como respuesta a los incidentes de violencia doméstica y otros tipos de disturbios. Estos operativos policiacos, con frecuencia están compuestos por mas de 100 agentes del equipo SWAT, el uso de helicópteros y equipos militares de alta tecnología, así como también la evacuación de barrios enteros.

•En vez de asignar a trabajadores sociales o a psicólogos el trato con enfermos mentales y perturbados psicológicos, se llama a la policía para que atienda estos casos. La policía a su vez trata estos incidentes como casos criminales y no como situaciones simples que requieren una intervención razonada. En una gran cantidad de casos, los incidentes se elevan a tan altas dimensiones que culminan con la muerte de la persona.

•En muchos de estos casos, las muertes ocurren minutos o segundos después de la llegada de la policía.

Los principios que nos llevaron a incluir los casos presentados aquí

Las autoridades no dan a conocer a nivel nacional, ni los nombres ni las circunstancias bajo las cuales los individuos pierden la vida. Por lo tanto, la tarea de recopilar esta información y de establecer un proceso de verificación de los nombres y hechos que rodean estos casos nos corresponde a nosotros. La mayoría de los casos que se reportan aquí, son casos de personas que no portaban armas, que no habían cometido ningún delito, o simplemente la situación en que estuvieron envueltas no ameritaba el uso de la fuerza. En otros casos, es posible que los hechos sean motivo de debate entre la policía y los reporteros, donde estos afirmaban que la víctimas representaban una amenaza para la sociedad o para el agente de la policía. Sin embargo, los parientes, amistades o testigos dicen lo contrario. Hay casos en los que la policía alega que el crimen fue un 'homicidio justificable' y esas afirmaciones no se disputan en ninguno de los casos. También existe la posibilidad de que se intimide a los familiares y testigos y que a estos casos se les dé poca cobertura periodística. En los pocos casos en que los hechos son ambiguos, estos son usados para justificar el clima de violencia y también para encubrir la mayoría de las muertes claramente injustificables.

En cuanto nos ha sido posible, hemos incluido las declaraciones de los familiares de las víctimas, de los testigos oculares, y de los que se oponen a la violencia policial. Agradecemos a los familiares, a los testigos y activistas que arriesgan sus vidas al denunciar estos hechos

En la medida de lo posible, ofrecemos los reportes de los familiares, de los testigos y agentes de la policía. Asimismo, la mayoría de las historias indican el origen del reporte, sea éste de periódicos o de otras fuentes.

Nuestros esfuerzos para verificar la información que obtenemos continúan. Instamos a todos aquellos que tengan información adicional acerca de cualquiera de los casos aquí presentados, a que se comuniquen con nuestras oficinas para así poder dar una versión mas exacta de los hechos. Les ofrecemos nuestras disculpas por cualquier error cometido en esta segunda edición. Cualquier comentario, corrección o sugerencia, será bien recibido.

Continuamos en busca de información sobre casos de los que no sabemos nada. Si usted sabe de alguien que haya sido asesinado a manos de agentes de la ley, por favor comuníquese con nosotros para que el nombre de la víctima sea agregado al proyecto Vidas Robadas. Entre las voces más poderosas que pueden denunciar estos hechos están las de los familiares de las víctimas, los instamos a que lo hagan. Al imprimir este libro, agradecemos a la Asociación Nacional Para el Avance de Personas de Color (NAACP) por facilitar este intercambio de información. Invitamos también a individuos y organizaciones para que recopilen información y la compartan con nosotros, para así exponer al público esta epidemia nacional de violencia policial. Igualmente hacemos un llamado a los académicos, estudiantes e investigadores que tengan acceso a bibliotecas, computadoras y servicios universitarios.

La segunda edición de Vidas Robadas: Asesinados por los Defensores de la Ley se ha hecho posible gracias a la invalorable participación de sin número de individuos y colaboradores.

Definición

Los Cuerpos Policiacos comprenden: Policías, alguaciles, patrullas fronterizas, guardias de cárceles, guardias de seguridad que actúan como policías, agentes secretos y agentes de las diferentes agencias policiales del gobierno federal, estatal y local. También se incluyen en esta definición los agentes de policía jubilados, ex policías, agentes fuera de servicio y guardias.

Lo que se incluye en el Proyecto.

Originalmente pensábamos incluir en el proyecto Vidas Robadas solamente los nombres de aquellas personas asesinadas por la policía desde 1990. Sin embargo, en esta edición hemos incluido también los nombres de personas asesinadas antes de 1990, siempre y cuando la información haya sido recibida con anticipación.

La policía tiene muchas formas de matar. A continuación citamos algunas de las incluidas en esta edición:

•Abaleados. Es una de las mas comunes.

•Uso excesivo de fuerza. En esta categoría se incluyen las muertes por estrangulación, los atados de pies y manos, algunas formas de asfixia, los rociados con gases tóxicos, los golpeados, los electrocutados, y los agredidos por perros policías o la combinación de cualquiera de estas tácticas de represión física. También incluimos los casos de aquellas personas que siendo perseguidas, cayeron de los altos de un edificio, de un puente, o murieron ahogadas.

También describimos los casos en los que la policía utiliza mecanismos incendiarios y no incendiarios tales como gases lacrimógenos los cuales hacen que las víctimas mueran en incendios y/o explosiones.

•Muertes ocurridas durante encarcelamiento o bajo custodia policial. Los lugares de custodia incluyen carros patrulleros, estaciones de policía, cárceles, prisiones, y las casas/cárcel donde jóvenes infractores de la ley son confinados. Muchos presos, como los de las cárceles estatales de California, quienes después de haber sido deliberadamente provocados a participar en las llamadas 'luchas de gladiadores', han sido asesinados por los guardias supuestamente para 'calmar' la situación. A esto se suman las muertes por ocurridas por falta de tratamiento medico durante el encarcelamiento. Las muertes por suicidios en cárceles o prisiones no se incluyen en este reporte a menos que: a) Alguien, (familiar de la víctima o alguna otra organización de derechos civiles, etc.) haya disputado el reporte oficial de suicidio o b), el reporte es tan ridículo que no se acepta como legitimo. Tal es el caso de una persona en una cárcel de Oklahoma, quien, de acuerdo al reporte, se abaleo el mismo en la parte trasera de la cabeza mientras estaba esposado. Este reporte tampoco incluye personas que han muerto de causas naturales durante el encarcelamiento, a menos que alguien, algún familiar de la víctima o alguna organización de derechos civiles, etc., haya contenido el reporte oficial y haya encontrando que los cargos adjudicados han podido ser el resultado de alguna maniobra o jugada sucia, o por negligencia medica de parte de alguna autoridad carcelaria, o b), cuando la persona muere poco tiempo después de haber sido arrestada, ya que es poco creíble que causas de muerte naturales no relacionadas con una interacción entre el preso y la policía hayan sido las causas de muerte.

•Muertes reportadas por la policía como 'suicidio'. Incluimos los casos en los que las autoridades declaran que la víctima era propensa al suicidio y deliberadamente provoco al agente de la policía, hasta que éste le causo la muerte. Si esto es cierto, que clase de sociedad es ésta donde una persona perturbada emocionalmente que contempla el suicidio, puede contar con la policía para que le ayude? En algunos de estos casos, los familiares de estas víctimas aseguran que las víctimas no eran suicidas, pero pronto se dan cuenta de que la policía les impide hacer cualquiera clase de investigación.

•Casos de violencia doméstica en los que el agente de la policía mata a la esposa, novia o ex-esposa, ex-novia o a los hijos de éstas. Relatamos también muertes perpetuadas por agentes de la policía fuera de servicio. Estos casos ayudan a descubrir el uso permisivo de la violencia por los policías en general. Estos oficiales de policía fuera de servicio o retirados, comúnmente solicitan y a menudo reciben indulgencia en casos en los que asesinan a un miembro de la familia o causan un accidente fatal automovilístico. Estas practicas amplían el margen de tolerancia dentro del cual la policía actúa con impunidad.

•Las muertes causadas por persecución policiaca a alta velocidad. La mayoría de las muertes aquí reportadas no tienen que ver con los carros en huida sino con alguien que huye de la policía por haber cometido violaciones menores, tales como no tener el equipo adecuado en el automóvil, y como estos violadores siente que no han hecho nada, prefieren darse a la fuga. Aproximadamente un tercio de la gente asesinada en tales casos, eran simples espectadores que caminaban la calle en el momento de los acontecimientos. Se incluyen estos casos para demostrar la falta de interés de la policía por la seguridad tanto de los que huyen como la de los automovilistas y peatones. No es de extrañar que cuando la policía persigue a alguien a mas de 100 mph, en un vecindario donde el trafico es muy congestionado, un peatón sea arrollado. Los policías que le quitan la vida a estas personas inocentes espectadores y peatones, no reciben cargos, ni sentencias. Sin embargo con frecuencia los perseguidos reciben cargos de asesinato y homicidio involuntario.

Cada año, desde 1997 , los nombres de las víctimas en Vidas Robadas se mencionan en eventos que se llevan a cabo el 22 de octubre, Día Nacional de Protesta para Parar la Brutalidad Policial, la Represión y la Criminalización de una Generación. De igual manera, los nombres de las víctimas se mencionaron en el programa 'La Democracia Ahora' por los actores Ossie Davis y Melvin Van Peebles, el cineasta Michael Moore y el poeta Jerry Quickly. Además se llevaron a cabo ceremonias para agregar nombres de víctimas de la policía en Riverside, California, en Greenville, South Carolina y en la ciudad de Nueva York. Es importante recordar y honrar a las víctimas y al mismo tiempo exigir que se ponga un alto a la violencia policial. Durante los dos últimos años a partir del comienzo del proyecto Vidas Robadas, el movimiento nacional contra la violencia ha aumentado. Esperamos que este proyecto amplíe e impulse esta lucha y logre unir a personas de todos los estratos de la sociedad para que actúen en contra de la violencia policial.

Las víctimas de la violencia policial no pueden defenderse a si mismas, pero nosotros sí podemos y lo así lo haremos.

Las páginas siguientes presentan los hechos de mas de 2,000 casos de asesinatos perpetuados por agentes de la policía desde 1990. Estamos lejos de haber terminado nuestra investigación. Sabemos que hay muchos casos que todavía no conocemos. Las historias que siguen representan solamente un puñado de entre miles.

Muchas personas contribuyeron a la traducción de esta edición en español de Vidas Robadas. Varias familias en San Francisco, conjuntamente con gente en Nueva York y Chicago, Adelina Nicholls de Atlanta, y Norma Jackson de South Carolina dedicaron muchas horas en realizarla.

Traducido por muchos amigos, incluyendo las familias de víctimas en San Francisco, Adelina C. Nicholls and Norma L. Jackson, Ph.D.

Aquí presentamos sólamente 40 de las 2000 historias documentadas en la segunda edición del libro Vidas Robadas: asesinados por los defensores de la ley. Aunque esta documentación se inició en 1990, la mayoría de los casos aquí presentados ocurrieron durante los últimos tres años. Por favor lea estas estas historias, y si le es posible, cuando vea los noticieros de la tarde, o los famosos programs "basados en la realidad" o los dramáticos noticieros de las horas pico de la televisión, trate de identificar en estos noticieros a los verdaderos asesinos, le aseguramos que si encuentra alguno, no lo encontrará entre las víctimas.

¿Quiénes eran estas víctimas? La mayoría eran personas de la raza negra, aunque de la epidemia de violencia policial no se escapan las personas de la raza blanca. La mayoría de estas víctimas eran jóvenes, aunque también las algunas eran personas de edad. Eran poetas, cocineros, empleados, maestros, desalojados, hombres de negocios. Eran individuos con raíces en la comunidad, individuos con hijos, con padres, con esposos y amigos; individuos con sueños y aspiraciones, desilusiones, amores y odios; individuos cuyas comunidades mismas, al parecer, se encontraban también bajo persecución.

Se dice que estos son casos atípicos o aberraciones, aunque, desde 1990, nuestro proyecto o movimiento popular ha puesto al descubierto más de 2,000 homicidios cometidos por los defensores de la ley. Se dice que la evidencia que presentamos es incompleta, aunque la policía misma, generalmente, se niega a presentar la evidencia. Se puede esperar en vano la intervención del gobierno federal, ya que el Departamento de Justicia continúa ignorando la ley de 1994 que exige reportes anuales en los casos de uso excesivo de fuerza. En fin, se pueden decir muchas cosas, y en efecto, diariamente, tanto los jefes de la policía como los políticos y grupos selectos que tienen sus propios agendas, dicen muchas cosas.
Pero, ¿quién hablará por aquéllos cuyas vidas han sido robadas? ¿Quién dará voz a aquéllos que ya no pueden contar sus historias? ¿Quién les reafirmará su humanidad?

ANTHONY BAEZ - ASESINADO PORQUE LA PELOTA DE FUTBOL CON QUE JUGABA LE PEGO A UN CARRO DE POLICIA

New York. El 22 de diciembre de1994, los cuatro hijos de Iris y Ramón Báez jugaban fútbol frente a su casa mientras esperaban al resto de la famila para iniciar un viaje en auto a La Florida. David tiró la pelota de fútbol y ésta pegó contra el carro de policía del oficial Francis Livoti, de inmediato éste arrestó a David, el más joven de los hermanos, lo puso las esposas, le estrelló la cabeza contra el jeep de su hermano y después lo azotó contra el suelo.
Anthony Báez, un jóven puertorriqueño de 29 años conocido en el vecindario como mediador en situaciones difíciles, se acercó a Livoti y le preguntó que por qué agredía a hermano, Livoti y el resto de policías que estaban en sus carros, se avalanzaron sobre Anthony, Livoti le aplicó una fuerte llave de contenimiento físico al cuello del jóven.. El padre de Anthony salió corriendo de su casa y le suplicó a Lavoti que aflojara el brazo del cuello de Anthony, porque Anthony era asmático. Livoti sólo aflojo cuando Anthony ya estaba muerto. Dos de los hermanos de Anthony fueron lanzados contra el piso y esposados mientras los policías les apuntaban a la cabeza con revólveres.

Continuas protestas por parte de la comunidad llevaron el caso a los tribnales. El juez dejó en libertad al oficial Livoty a pesar de que él mismo calificó que la evidencia de ese caso era "un nido de perjurios." Sin embargo, a principios del mismo año, Livoti fue declarado culpable por violar los derechos civiles de Anthony.
Anthony Báez era casado, y planeaba comprar una casa y radicarse en la Florida. Anthony amaba

a los niños de los cuales estuvo siempre rodeado. "Tony era parte de nosotros," declaró su padre Ramón, " se lo llevaron en plena juventud. Mi familia...-para nosotros la vida no es igual..."

CHARLES CAMPBELL - MUERE A MANOS DE LA POLICIA SOLO POR ESTACIONAR SU CARRO

New York. En el 4 de octubre de 1996, Charles Campbell estacionó su carro frente a la bodega de Richard DiGuglielmo, en las afueras del condado de Westchester, New York. DiGuglielmo, su hijo Richard, y un tercer hombre pegaron un rótulo en la ventilla del carro de Campbell. Al ver ésto, Charles les pidió que despegaran el rótulo de la ventanila de su carro, pero en vez de hacerlo, los tres hombres lo agredieron fisicamente. Campbell logró liberarse, y se armó de un bate para defenderse de los tres hombres. El joven DiGuglielno - un policía de New York en ropas civiles- le hizo tres disparos certeros a Charles, dos de los cuales le atravesaron el corazón causándole la muerte.

Charles Campbell, un jóven de raza negra de 37 años de edad, trabajaba en el departamento de sanidad pública y también era consejero de menores. La novia de Campbell, Vanessa Maldonado, inició una campaña para que se le hiciera justicia a su novio. Un año más tarde, DiGuglielno fue sentenciado a 20 años de cárcel por homicidio.
Después de escuchar el veredicto, Vanessa Maldonado declaró, "hay que reconocer que definitivamene esta ha sido una victoria para todos nosotros. Pero la lucha continúa... y en este momento hablo por todas las demás familias".

FRANKIE ARZUAGA

Brooklyn, New York. El 12 de enero de 1996, Frankie un jóven puertorriqueño de 15 años de edad, iba en un carro con su amigo cuando fue detenido por la policía en el área de Bushwick en la ciudad de Brooklyn. La policía disparó contra los jóvenes alegando que éstos huían de ellos. David y Lillian Flores, los padres de Frankie, obtuvieron un reporte médico que indicaba que a Frankie le habían disparado a quemarropa. No se tomaron medidas contra los oficiales responsables de este crímen.

El día de las madres, pocos días después de la muerte de Frankie, la policía hizo una llamada de tono desagradable a la madre de Frankie. En la casa de Frankie, todavía está el cuarto con todos sus objetos favoritos tales como un carrito rojo, también conservan fotos de la tumba de Frankie y documentos de las muchas protestas que se han llevado a cabo en el caso de Frankie. Después que Abner Louima, otra víctima de la policía, fuera torturado por oficiales del cuartel 70 de policía de New York, el Departamento decidió poner fin a la situación reemplazando al capitán del cuartel. Los padres de Frankie Arzuaga notaron que el oficial reemplazado había sido nada más y nada menos que el capitán del precinto de Bushwick donde su hijo había sido asesinado.

ANGEL CASTRO - TOMAN REPRESALIAS CONTRA SU FAMILIA POR PROTESTAR

Chicago. El 23 de octubre de 1996, Angel Castro, Jr. un joven puertorriqueño se dirigía a una fiesta de cumpleaños en casa de un amigo. La bicicleta que manejaba chocó contra una camioneta de la policía. En la colisión , Angel se rompió los dientes y sufrió severas contusiones y magulladuras en las piernas y la cara. Angel se levantó visiblemente golpeado, mientras que los policías le gritaban que él estaba armado de un revólver al tiempor que abrían fuego contra él.

La bala de uno de los policías penetró la cabeza de Angel Castro, Jr. quien, aún después de ésto, fue esposado y su cuerpo tembloroso fue abandonado en la calle hasta que falleció. Jamás se le encontró el susodicho revólver.

La madre de Angel, Linda Girón, trató de iniciar juicio contra los policías, pero se convirtió también en víctima de éstos, ya que le hacían llamadas anónimas, merodeaban su residencia con la sirena en alto durante las vigilias por la muerte de Angel, le dirigían miradas amenazantes, y le causaban daños a su carro, entre los daños se puede mencionar, el de acuchillar le las llantas, romperle la antena y malorgrarle el motor del carro.
"No me daré por vencida," declaró Linda Girón, la madre de Angel. Mi hijo tenía derecho a vivir, ellos no tenían por qué quitarle la vida. Tengo que luchar por mi hijo porque él no vive para hacerlo. El no está aquí para limpiar su nombre, entonces yo lo tengo que hacer por él...Antes les tenía miedo, pero ahora no, porque ellos fueron los que mataron a mi hijo. Y ellos siguen como si nada patrullando las calles. A veces me sorprendo de mí misma porque los miro a la cara y los desafío y con eso les digo que no les tengo miedo, que hagan lo que hagan, no les tengo miedo."
La oficina de Professional Standards, una agencia que tiene a su cargo la investigación de casos de abuso policial, justificó el abaleo.

JOHN DANIELS JR Y JOHN DANIELS SR.

Los Angeles, California. El 1o de julio de 1992, John Daniels, Jr. un camionero de la raza negra, fue detenido en una gasolinera por dos policías en moto. Los policías se negaron a decirle a John por qué lo detenían y John trató de seguir su camino. El oficial Douglas Iverson niveló su carro al lado del camión y le disparó a John en el cuello, matándolo instantáneamente. La muerte de John Daniels Jr. fue un golpe fuerte para su familia, ya que, en 1985, su padre, John Daniels, Sr. también había sido abaleado fatalmente por la policía de Los Angeles. El era el capitán de un grupo de vigilancia en su barrio, y había llamado a la policía para reportar un hombre armado en el vecindario. El policía llegó a la escena y le disparó al primer hombre que vió.

La muerte de John Daniels Jr. desató una serie de protestas, entre ellas la de la Asociación de Camioneros Afroamericanos. Los policías más tarde admitieron que ellos se habían organizado para acosar a los camioneros independientes. Un año después, el oficial Iverson fue acusado de homicidio. Después de dos juicios que terminaron en juicios inconclusos, el juez retiró todos los cargos en contra de los oficiales.

SHEILA DETOY - "ERA SOLO UNA NINA"

San Francisco, California. El 13 de mayo de 1998, Sheila Patricia Detoy perdió su jóven vida a manos de policías de San Francisco. Los policías le dispararon a un carro ocupado por tres jóvenes desarmados, y una de las balas alcanzó a la joven de 17 años en la cabeza. Los policías declararon que perseguían a un sospechoso que estaba bajo orden de arresto por no comparecer ante la corte bajo cargos de uso y distribución de drogas. Los policías patrullaban en una camioneta verde sin identificación oficial y le obstruyeron el paso al carro en que viajaba Sheila y adujeron que habían disparado por temor a que los jóvenes provocaran un choque intencionalmente .

La versión de la policía no coincidió con la evidencia física presentada y el testimonio de un testigo ocular, quien, en una declaración juramentada, dijo que los policias ni obstruyeron la via del carro abaleado, ni se identificaron ante los jóvenes como oficiales de la ley. Más aún, el testigo declaró que los policías le dispararon al vehículo por la parte posterior . A pesar de los intentos de los policías de difamar a Sheila Detoy ante la prensa por "andar mal compañada" (un comentario muy común en casos como éste), la opinión pública descubrió que, en 1992, el oficial que le disparó los fatales tiros a Sheila, había estado suspendido de su trabajo por 20 días por uso innecesario de fuerza y por mentir acerca de los hechos. Además de estos cargos, en 1995 al oficial también se le habían imputado cargos disciplinarios.

Centenares de jóvenes protestaron por la muerte de Sheila. Y la lucha continúa. "¿Por qué le dispararon a Sheila?" Preguntaba su tía. "Era sólo una niña. Una niña como cualquiera otra. Era una niña maravillosa, dulce, inteligente. Pasábamos los veranos juntas... Ella era una buena estudiante. Era muy sociable y popular. Tenía su trabajo. Trabajaba en una cafetería. Tenía planes de asistir a la universidad. Era muy apegada a su madre y a su tía."

ANDREW "NU- NU"DURHAM- MUERTO A BALAZOS POR CORRER

Chicago, Illinois. En las horas tempranas de la mañana del domingo 10 de agosto de 1997, Andrew "Nu-Nu " Durham perdió la vida a manos de la policía de Chicago. Estaba en la calle cuando dos policías motorizados le ordenaron a él y a su amigo que se acercaran. Andrew optó por correr.

Un policía lo siguió y le disparó en la cadera. Testigos oculares declararon que Durham paró de correr y levantó las manos en alto, pero el policía lo alcanzó, le disparó en la cabeza, y después le disparó de nuevo mientras caía al suelo. Durham quedó tendido en la calle por 45 minutos antes que fuera pronunciado muerto.

La policía alega que Andrew Durham era sospechoso de robo de carros, y que se había apoderado del revólver del policía. Sin embargo, una semana después del incidente, en una reunión organizada por la comunidad a la que asistieron más de 400 personas, testigos oculares declararon que no hubo ningún forcejeo por el revólver, y que los policías simplemente habían descargado sus balas en el cuerpo desarmado y herido del jóven. Los residentes de la comunidad disputaron las acusaciones hechas de "ladrón sospechoso de carros," asegurando que Andrew era un joven amable, de voz suave, a la vez protestaron por el "doble asesinato" - primero el de la vida de Andrew y después el de su buen nombre.

MARC FITZSIMMONS - DESPUES DE QUE LO ABALEARON EN LA ESPALDA, LE NEGARON TRATAMIENTO MEDICO.

Los Angeles, California. El 2 de julio de 1998, Marc Fitzsimmons, de 28 años de edad, salió a hacer una diligencia bancaria para su madre. Esta fue la última vez que su madre lo vio. "Cinco días después, la policía de Los Angeles pidió a la policía de Cleveland que se comunicaran con mis padres para que éstos me informaran que mi hijo había sido ejecutado", relató Donna Fitzsimmons Dymally madre de Marc. "Mi hijo fue asesinado a dos millas de la casa, sin embargo, esperaron cinco días para avisar en Ohio.... a la División del Suroeste. Tienen su reputación, usted sabe, uno nunca piensa que le puede pasar a uno. Mi hijo no tenía ni historia criminal, ni de drogas ni nada."

"La policía alega que tenía un cuchillo de carnicería u otra clase de instrumento de cortar carne y que con éso los agredió. Ellos dicen que sólo lo hirieron en el pecho. Y cuando nos enrtegaron el reporte de la autopsia, le habían disparado por la espalda. Lo llevaron al hospital UCLA. Lo llevaron esposado en un carro de policía. El forense que hizo la autopsia dijo que sentía que las cosas no estaban bien claras. "Bien, ¿dónde está el objeto, el arma que supuestamente tenía?" La policía no pudo presentarla. No fueron los policías que lo mataron los que lo trajeron al hospital, fue otro grupo de policías. Los médicos piensan que hubiera sobrevivido si se le hubiera dado tratamiento médico oportuno. Ellos dicen que tienen testigos, pero naturalmente, no nos dan ningún reporte del incidente."

"Mi hijo era un estudiante emérito. Era un joven prodigio. Fue aceptado en el Colegio

Universitario de Los Angeles, UCLA, a los 15 años. Jamás me dio problema alguno. Era un joven de espíritu tranquilo, el mejor, por esa razón, cuando ésto le ocurrió a él, fue demasiado para mí. Pensar que le pasó a él, un muchacho que nunca nos dio un dolor de cabeza. Por mucho tiempo no salí de mi casa. Ahora me da miedo cuando mis otros hijos salen. Esto le cambia la vida a uno totalmente."

"Sentí que tenía que movilizarme, que tenía que hacer algo. Fue como decir 'no puedo quedarme quieta,' porque me dí cuenta que me había sucedido a mí y que también le estaba sucediendo a otras personas y que, quizás, yo podía servir como una voz para alertar a esas personas. La única manera que vamos a cambiar las cosas es enfrentando la situación y haciéndonos sentir."

JONNY GAMMAGE - CONDUCIR MIENTRAS SE ES NEGRO, UN PECADO CAPITAL

Pittsburgh. En la mañana del 12 de octubre de 1995, Johnny Gammage, negociante de 31 años, atravesaba un barrio exclusivamente de blancos en su carro deportivo de último modelo, cuando fue detenido por cinco oficiales de la policía. Siete minutos después de haber sido detenido, Johnny había sido asfixiado por los cinco policías.

Los policías declararon que habían detenido al desarmado Gammage, porque en varias ocasiones éste había frenado el carro "de una manera sospechosa," mientras era perseguido por ellos.

Gammage no era sospechoso de ningún delito. Los policías lo esposaron, le aplicaron llave de represión de cuello, después lo tiraron al pavimento boca bajo y se le arrodillaron en el cuello, los hombros y la cintura. Hay que forcejear bastante para poner a un hombre en esa posición hasta el punto de asfixiarlo, pero la policía de Brentwood lo hizo.

Dado que Gammage era primo de Ray Seals, un jugador profesional de fútbol de alto calibre, el caso atrajo la atención nacional. A tres de los oficiales se les imputaron cargos, pero el jurado, de raza blanca en su totalidad, dejó en libertad a uno, y los otros dos oficiales fueron exonerados de todos los cargos pocos días más tarde.

La madre de Johnny Gammage, después de la exoneración del oficial John Vojtas, uno de los cinco policías que le quitaron la vida a su hijo, declaró con amargura, " le dimos la oportunidad al sistema para que funcionara y para que se hiciera justicia. Yo era una de las que no creía cuando la gente decía que el sistema no funcionaba para los negros. Yo pensaba que sí funcionaba, ahora ya no lo creo".

MARK GARCIA - PIDIO AYUDA, Y EN VEZ, LE ROCIARON LOS OJOS CON PIMIENTA

San Francisco, California. El 6 de abril de 1996, Mark García fue víctima de un atraco.

Después del atraco, Mark quedó desorientado. Desprotegido y casi desnudo, anduvo por las calles del distrito La Misión de San Francisco pidiendo ayuda a gritos. En vez de ayudar a Mark, los oficiales de la policía que respondieron a su llamado, le rociaron la cara con gases irritanntes, y le azotaron la cara contra el piso. Durante cinco minutos un oficial le clavó el pié en la espalada a Mark. No le prestaron ayuda médica, ni tampoco le limpiaron la química que le habían rociado en la cara. Cuando la camioneta de la policía llegó, los oficiales tiraron a Mark boca abajo en la camioneta, y no se preocuparon por la posición en que Mark quedó. Cuando llegaron al hospital, Mark ya estaba muerto. Hasta la fecha, ninguno de los oficiales de la policía ha sido ajusticiado por los actos relacionados con la muerte de Mark, a pesar de que las acciones de los oficiales revelan innumerables violaciones de hasta las reglas más básicas de la ley civil.

Mark García trabajaba en el muelle era un drogadicto reformado y prestaba servicios de consejería a personas con adicción al alcohol y a las drogas. Mark era casado, tenía dos hijos y dejó una extensa familia que trabaja incansablemente para que se le haga justicia.

Daniel García, un hermano de Mark, en una demostración contra la violencia policial en 1997, declaró para el Movimiento 22 de Octubre: "Mi hermano y las familias de todos aquellos que han muerto a manos de la policía están aquí hoy, y allá en el cielo. Y lo que dicen es que 'noy justicia, no paz!' Los familiares, amigos, y los amigos y asociados de Mark García en la localidad, convirtiendo su dolor en fuerza y determinación se unieron en una causa común para ayudar a ponerle fin, de una vez y para siempre, a la epidemia de la violencia policial, a la represión, y a la criminación de una generación. Nos unimos hoy para honrar y darles nuestros respetos a aquellos cuyas vidas fueron robadas no sólo de sus familias, sino también de la sociedad."

ANTONIO GOLDEN - "HAY QUE PONER UN ALTO A ESTE GENOCIDIO"

Lynwood. Helen Green, la abuela de Antonio Golden, declararó para la Coalición 22 de Octubre:

"Mi nieto, Antonio Golden, de 18 años de edad, fue asesinado en febrero 19, de 1997 a las 8:40 p.m. por los que yo creo que eran unos afiliados "Vikingos"del jefe de la policía. El fin de semana anterior a su muerte, el jefe de la policía le dijo a unos jóvenes, "Uno de ustedes moyetos va a morir este fin de semana." Algunos testigos dijeron que mi nieto estaba montado en su bicicleta cuando recibió dos disparos en la espalda, después fue esposado, tirado de su bicicleta, y los oficiales de la policía no le dieron los primeros auxilios, murió instantáneamente. La supuesta pistola fue encontrada a 20 pies- al otro lado de una cadena de cercas.- a distancia sur de su cuerpo".

"Cuando uno de los nuestros muere a manos de las autoridades, siempre se reporta esto como si la persona muerta estuviera en negocios de drogas o fuera el miembro de una pandilla o ambas. Así el público piensa que la sociedad se ha librado de un criminal. Mi nieto era graduado de secundaria de la Lynwood y estaba esperando una asignación, pues salía el día 9 de junio para un campamento militar en categoría E2 con la naval de EU. El no era un vendedor de drogas, no usaba drogas ni era miembro de ninguna pandilla. Nunca había sido arrestado o detenido por la policía. Hombres inocentes, en especial negros e hispanos, mueren a diario asesinados por criminales con medallas. Tenemos que parar este genocidio."

JOSEPH GOULD - MUERTO A BALAZOS POR TRATAR DE LIMPIAR VENTANILLAS DE CARRO

Chicago, Illinois. Joseph Gould, un desalojado y vendedor ambulante del periódico StreetWise, fue asesinado el 30 de julio de 1995. Gould se acercó al carro del policía de Gregory Becker y le preguntó si le podía limpiar las ventanillas del carro a cambio de unas monedas. Becker le disparó a Gould a quemarropa y después se fue sin siquiera preocuparse por ayudarlo. Joseph Gould quedó muerto, tendido en un charco de sangre, en sus manos sosteniendo aún su trapo de limpiar y su vasija de agua.

Después de casi dos años de trabajo de una coalición conformada por grupos comunitarios, grupos de desalojados y grupos antirepresivos que se organizaron y exigieron justicia por la muerte de Joseph Gould, el 14 de abril de 1997, un jurado encontró a Becker culpable de violencia armada, de homicidio involuntario y de comportamiento oficial inapropiado.

LAMAR GRABLE - "NO PODEMOS PERMITIR QUE NOS ROBEN UNA VIDA MAS."

Detroit. Lamar Grable, era un jóven afroamericano de 19 años de edad, activo en la Coalición de Niños de Detroit. Era fotógrafo y escribía poemas. El 21 de septiembre de 1996, salió de su casa para ir a su trabajo en la tienda K-Mart. Quince minutos más tarde la policía había asesinado a Lamar a balazos.

Los testigos dicen que después de que los policías le dispararon tres balas en la espalda, uno de los policías volteó el cuerpo de Lamar y le descargó cinco balas más en el pecho. Este policía asesino continúa desempeñándose en su trabajo, donde le fue otorgada una medalla por tener su chaleco de protección durante el abaleo. Lamar estaba desarmado, pruebas toxicológicas revelaron ausencia de alcohol o drogas en la sangre. El departamento de policía se negó a entregar la camisa de Lamar a un investigador independiente contratado por la familia, la policía se ha dado a la tarea de acosar a la familia.

Arnett Grable es la madre de Lamar. Ella tiene dos hijos más y es una activista en movimiento Coalición 22 de Octubre. Ella hizo esta declaración: "No podemos permitir que nos roben una vida más."

RAPHAEL Y LUKE GRINAGE - PADRE E HIJO, MUERTOS A RAZON DE UN PERRO

Oakland, California. El 15 de julio de 1993, la policía de Oakland, California llegó a la casa de Luke Grinage para confiscar su perro rabioso. Una vez la policía lo confrontó en el patio de su casa, el jóven Luke les informó que el perro tenía todas sus vacunas y que él lo podía probar, y se negó a entregar el perro. La policía asaltó a Luke y comenzó a golpearlo, pero Luke se refugió dentro de su casa mientras los policías le disparaban. Una vez dentro de la casa, Luke les disparó con una escopeta que mantenía detrás de la puerta. Durante la balacera, Luke y su padre Raphael, quien tenía ambas piernas amputadas y andaba en una silla de ruedas, murieron abaelados. Una vez que acabaron con la vida del padre y el hijo, la policía entró a la casa y acabó con el perro también.

El día que lo asesinaron, Luke Grinage contraía matrimonio. Luke había tenido dos arrestos previos, pero había sido exonerado de los cargos. Raphael Grinage era músico, y en el pasado, había tocado para la banda Earl "Fatha" Hines. ¿Cómo se justifica que una disputa a causa de un perro lleve a la policía a acabar con dos vidas? Rashidah Grinage, la esposa de Raphael y madre de Luke, se ha convertido, desde entonces en promotora del movimiento en contra de la represión policial.

JORGE GUILLEN - GRITA PIDIENDO AYUDA Y ENCUENTRA LA MUERTE

Chicago. El 3 de octubre de 1995, la familia de Jorge Guillén, un inmigrante de Honduras de 40 años de edad, presentó síntomas de ezquizofrenia y alucinaciones. Se llamó a la policía y al llegar ésta, Jorge tenía en sus manos un pedazo de madera que usaba para asegurar la puerta. La policía lo arrojó al piso, le arremetió en la cabeza con una linterna, y lo esposó. Un policía se paró encima del cuello de Jorge, lo que causó que éste muriera asfixiado boca abajo en un charco de sangre. Hasta el personal de la Oficina de Servicios Profesionales del Departamento de la Policía, encontró culpables a los tres oficiales por uso "excesivo e innecesario" de fuerza y les dió cortas suspensiones, pero la fiscalía se negó a encausar a los policías.

Ilsa Guillén, la esposa de Jorge, declaró, "El caso de mi esposo, Jorge Guillén, se quedó en las páginas obscuras de la historia. Los nombres de los tres corruptos y asesinos agentes que mataron a mi esposo son, Chris Anderson, Daniel Parise, y Michael A. Pontiptos y ninguno de ellos siquiera fue expulsado de su trabajo.

JOSE ANTONIO GUTIERREZ- "DEBEMOS SER FUERTES"

Los Angeles. El 14 de julio de 1995, el jóven de 14 años, José Antonio Gutiérrez, fue abaleado en la espalda por el oficial de la policía de Los Angeles, Michael Falvo, uno de los 44 policías identificado como "agente problema" por la Comisión Christopher. El oficial Falvo declaró que él vio cuando Tony Gutiérrez sacó un arma semi-automática para apuntarle. Sin embargo, un arma semi-automática fue hayada a quince pies de donde estaba Gutiérrez, pero al otro lado de una cerca. El arma no tenía las huellas digitales de Tony. Algunos testigos afirmaron que Tony Gutiérrez estaba desarmado cuando lo abalearon.

Las protestas contra la acción de los agentes de policía se manifestaron durante dos días en formas de rebelión y riñas en las calles del vecindario de la sección de Lincoln Heights al Este de Los Angeles, dondo vivía Tony. Cuando se cumplió el segundo aniversario de la muerte de su hijo, Ana María Gutiérrez escribió que "cada año para esta época, cuando se acerca el aniversario de la muerte de mi hijo, me embarga la tristeza, porque mi hijo no está aquí conmigo. Pero también siento rabia y esta rabia me da la fortaleza para continuar luchando y exigiendo que se haga justicia. "Nosotros, las familias de las víctimas de los asesinatos y la crueldad policial, debemos ser fuertes y convertir nuestra ira en energía y en accïón. Exorto y aliento a la comunidad para que trabaje con el Proyecto de Vidas Robadas, ya que mi hijo Tony no ha sido la única víctima de la policía. La policía ha asesinado a muchas personas alrededor de todo el país. La importancia del Proyecto Vidas Robadas radica en su misión de unir a todas las familias que sufren. Continuaremos nuestra lucha en memoria de nuestros seres queridos.

JERROLD HALL - "LAS MISMAS HISTORIAS HORRENDAS EN TODO EL PAIS"

San Francisco. El 15 de noviembre de 1992, al llegar a Bay Area Rapid, Jerrold Hall y un amigo fueron detenidos por un oficial de Tránsito. El oficial acusó a Jerrold de haberse robado una radiocasetera portátil de otra persona, aunque ni Jerrold ni su amigo llevaban consigo ningúna radiocasetera. El policía usando un lenguage soez, agredió a Jerrold golpeándolo en la cabeza con la cacha de su revólver. El jóven de raza negra de 19 años de edad le dió la espalda al oficial de tránsito y se dirigió hacia un policía de Hayward que había llegado a la escena. El oficial de tránsito levantó su revólver y le disparó a Jerrold en la cabeza, quitándole la vida instantáneamente. No se le imputaron cargos al oficial, quien más tarde se suicidó.

Cornelius, el padre de Jerrold, un bombero jubilado, se convirtió en un activista contra la violencia y crueldad policial. Declaró, que "Cuando recorro el estado, o el país, siempre oigo las mismas historias horrendas. ¿Y qué es lo que está pasando? que los fiscales no imponen condenas, algunos criminales ni siquiera llegan hasta allá- hasta el tribunal mayor...No podemos aflojar la presión. Vamos a continuar luchando y a tomar las riendas en nuestras manos... no justicia, no paz.!"

ESEQUIEL HERNANDEZ - UN ASESINATO EN LA FRONTERA

Redford, Texas. En la tarde del 20 de mayo de 1997, Esequiel Hernández, Jr. apacentaba unas cabras propiedad de su familia en el Oeste de la frontera de Texas, en el pueblo de Redford. Esequiel, un estudiante de secundaria de 20 años de edad, cargaba un rifle calibre .22 para proteger las cabras de los coyotes.

Seis hombres de la marina de Los Estados Unidos se habían escondido para acechar a Esequiel. De repente, sin previo aviso, uno de ellos le disparó un certero balazo a Esequiel con su M-16. Los marinos no pidieron ayuda médica para Esequiel hasta 22 minutos después del crimen.. "No comprendo nada," declaró el padre de Esequiel, "Quiero que se haga justicia". La Marina de Los EU exoneró a los asesinos de todos los cargos.

NICHOLAS HEYWARD, JR. - SENTENCIADO A MUERTE POR UNA PISTOLA DE JUGUETE

New York. El 27 de septiembre de 1994, Nicholas Heyward, Jr., un jovencito afroamericano de 13 años de edad jugaba al policía y al ladrón en el edificio de vivienda donde residía en el condado de Brooklyn, NY. Un oficial de la policía nota que Nicholas juega con una pistola de juguete, (ésta tenía un brillo color naranja en varias partes) e inmediatamente abre fuego contra el joven causándole la muerte instantánea. No se le imputaron cargos al policía.

Nicholas Heyward, el padre del jóven, ha luchado para que este caso sirva de ejemplo a otras personas. "lucharé hasta el final por mi hijo para que se haga justicia. Nadie me puede parar. Seguiré luchando y seguiré protestando, soy miembro de "Padres en Contra de la Crueldad Policial. Apoyo el Proyecto Octubre 22 y también el Congreso Nacional de Derechos Puertoriqueños. Los apoyo a todos.

DARRYL "CHUBBY" HOOD - PARA "EVITAR" QUE SE SUICIDE, LO MATAN.

Watts. Darryl "Chubby" Hood era un residente del vecindario de Jordan Downs, en el área de Watts de Los Angeles. En la tarde del 15 de noviembre de 1997, Darryl amenazaba con suicidarse con un cuchillo de cocina. Un viejo amigo de Chubby describió lo que sucedió después de llegar la policia. "Miré hacia la parte posterior del edificio, y vi a Chubby hiriéndose la cabeza con el cuchillo. Me le acerqué y le rogué - le dije: "Chubby, Chubby, que estás haciendo, hombre? Tienes una esposa e hijos y todo." Entonces dejó de apuñalarse la cabeza. Le pedí el cuchillo y ya me lo iba a entregar cuando vio que detrás de mí se acercaba la policía. Entonces corrió al campo abierto y se devolvió." Los policías le dispararon una vez en el brazo y otra en la pierna.

Chubby cayó boca abajo y, acto seguido, le dieron "shock" con corriente eléctrica y le rociaron la cara con gases nocivos. En ese momento, los policías le hubiese rodeado, pero quedaban retirados. Y cuando Chubby se levantó y corrió hacia el campo abierto, yo corrí detrás de él, al tiempo que le gritaba "Chubby, Chubby, Chubby - por favor dame el cuchillo, hombre, si tú no me das el cuchillo te van a matar." Entonces un sargento se me acercó y me dijo "quítate del puto camino"... cuando me empecé a dar vuelta, entonces se formó el caos...."

"Habían como 20 policías alrededor de él. Me preguntaron cuántas veces los policías le habían disparado y yo dije de 25 a 30 veces. Pero cuando lo llevaron al hospital, ellos decían que sólo le habían disparado 11 veces. Dijeron que él los había agredido. El nunca los atacó, porque sus manos estaban siempre apuntando hacia atrás. Tampoco pudo haberlos apuñalado porque ellos estaban a 10 o 15 pies de distancia. Después de que lo hirieron y después que lo asesinaron, le pusieron las esposas."

Innumerables protestas donde participaron centenares de personas se llevaron a cabo por la muerte de Chubby.

HECTOR ISLAS - CUATRO NIÑOS SIN PADRE

Riverside, California. Frances Islas de Los Angeles relata la siguiente historia sobre su esposo, Hector Islas, a la Coalición del 22 de Octubre.

"El 29 de enero de 1997, Hector Islas huyó de la policía de Riverside. ¿Por qué los oficiales decidieron perseguir a Hector a pie y en coche? o ¿qué crimen cometió Hector? no se sabe. Hector, de 5'6" de alto, con un peso de 140 libras se encontraba solo y fatigado. A pesar de que él no representaba ninguna amenaza para los oficiales, fue atacado, lanzado al suelo y brutalmente golpeado hasta su muerte. Asimismo, recibió golpes tan severos en la parte inferior de la cara, que sus dos mandíbulas fueron fracturadas y perdió varios dientes. En contraste, los policías no sufrieron lesión alguna. El departamento de policía de Riverside afirmó que los oficiales simplemente habían tratado de detener a Hector Islas.

"Ustedes oficiales que hicieron esto - ¿pueden realmente dormir en la noche sabiendo que hay cuatro niños llorando por su padre? Hay cuatro niños que no tienen padre. Hay una madre que llora por su hijo. Hector te amamos y no nos detendremos. Pelearemos hasta que se haga justicia. Quiero dar gracias a todos por su apoyo, y me gustaría poder decir 'Dios mío, perdónalos por que no saben lo que hacen'".

KUAN CHUNG KAO - EL REPRESENTABA LA "HISTORIA EXISTOSA DE LOS ASIATICOS"

Condado de Sonoma, California. El 29 de Abril de 1997, Kuan Chung Kao recibió un disparo mortal de la policía en el suburbio de Rhonert Park. El Sr. Kao, de 33 años de edad, era ingeniero de control de calidad en Silicon Valley, esposo y padre de tres niños. En una cantina esa tarde, Kuanchung Kao fue asaltado por un grupo de hombres blancos que habían estado lanzando insultos anti-asiáticos. La policía se negó a arrestar a los hombres de raza blanca y en su lugar, llamaron un taxi y mandaron a Kao a su casa. Cuando Kao llegó a casa, a las 2 de la madrugada, estaba extremadamente agitado. Parado frente a su casa empezó a gritar pidiendo ayuda a sus vecinos y asumiendo una posición de rezo en medio de la calle, al mismo tiempo se revolcaba en el suelo y pedía ayuda llorando. La policía llegó al lugar y trató de asustarlo para que dejara caer un palo de madera de una pulgada de diámetro que sostenía. Un oficial de la policía llegó en su patrulla y paró justamente frente a Kao quien, enojado y asustado, aventó un golpe hacia la patrulla. Cuando la esposa de Kao, Ayling Wu trató de aproximarse a él para que le entregara el pedazo de madera, la policía le dijo que se alejara.

Una segunda patrulla llegó al lugar y pocos segundos después, el oficial Jack Shields salió del coche, sacó su arma y le disparó a Kuan Chung Kao en el pecho. La policía le impidió a Ayling Wu, esposa de Kwan Chubg Kao y enfermera de profesión, que le administrara los primeros auxilios a su esposo. En lugar de ayudarlo, la policía esposó a Kuan Chung y lo dejó boca abajo completamente desatendido por 8 ó 9 minutos antes de siquiera intentar suministrarle atención médica. Cuando finalmente los paramédicos llegaron, el Señor Kao estaba muerto. Insistiendo que el Señor Kao había asumido 'posiciones de artes marciales' agresivas, un día después del asesinato el mismo departamento de policía del oficial Shields, lo exoneró de todos los cargos.

La indignación de la comunidad se hizo presente en numerosos actos conmemorativos, manifestaciones, y una investigación realizada por la Organización de Abogados Asiáticos, (Asian Law Caucus) 'sacó a la luz' el encubrimiento hecho por la policía con respecto a los acontecimientos. Victor Huang, abogado de oficio de la Organización de Abogados Asiáticos dijo -"Muchos asiáticos niegan que existe el racismo. Pero el Sr. Kao pudo haber sido cualquiera de nosotros. Él representaba la historia exitosa de los Asiático-Americanos. A la gente le gusta creer que puede venir a Estados Unidos, trabajar duro y tener éxito y que la raza no sea un obstáculo. Pero en este asesinato, hay un alto reconocimiento de que la raza fue un factor".

RODNEY "BANKS" LAULUSA - ASESINADO EN EL 'PARAISO'

Honolulú, Hawaii. El 22 de Enero de 1998, Rodney "Banks" Faatoafe Laulusa, un hombre de 30 años de edad, de origen samoano, fue asesinado por la policía de Honolulú mientras visitaba a sus amigos. Se dice que la policía le disparó por lo menos 20 veces, y 14 balas fueron extraídas de su cuerpo.

Rodney se dirigía hacia su casa en Palolo Valley Homes con un cuchillo en cada mano. Al llegar a lugar de los hechos, cinco policías sacaron sus pistolas y le apuntaron a Rodney. La multitud que estaba presente gritó "No disparen", pero, de acuerdo a los testigos, la policía disparó dos veces y Rodney cayó de rodillas, dejando caer los cuchillos. Mientras estaba de rodillas, le dieron tres certeros disparos y continuaron disparándole hasta que cayó boca abajo en la calle. En el reporte oficial, la policía declara que hubo un lapso de tiempo de tres minutos entre la hora que se hizo la llamada inicial para reportar que había un hombre armado caminando por la calle, y la hora en que Rodney recibió los disparos.

La policía insistía que intentaban entrar en razón con Rodney cuando éste empezó a correr hacia ellos. Sin embargo, ninguna de las versiones de los testigos coincide con la de los policías. Así lo declararon a la prensa los miembros de la Asociación de Palolo contradiciendo con amplios detalles la versión de la policía.

En su adolescencia, Rodney tenía antecedentes de policiales por haber robado un estereo portátil, por lo cual recibió una sentencia de 8 años. No tuvo ningún otro antecedente penal y, a excepción de este primer cargo, sus otros conflictos con la policía se habían reducido a violaciones de su libertad condicional. Sin embargo la policía y los medios de comunicación lo describieron como un "criminal peligroso" - un adjetivo común en estos incidentes. Contrariamente, los vecinos lo describieron como "el chico más agradable de los alrededores" y su muerte provocó una serie de protestas en la comunidad. Se dice que la policía de Hawaii es más sensible con la comunidad que la del territorio continental, sin embargo la muerte de Rodney Laulusa se publicó como el quinto asesinato policial de más cobertura periodística desde 1995. Han habido, sin embargo, centenares de casos que no reciben la misma cobertura periodística. El escenario completo desde el principio hasta el fin tiene una frecuencia común perturbadora.

THOMAS OCHOA - ¿VENGANZA DE LA POLICIA?

Riverside, California. Tomas Ochoa tenía 33 años de edad. En la tarde de enero 22 de 1997 se había quedado dormido en un estacionamiento de Riverside, California. La policía dijo que Ochoa tenía un cuchillo y se había acercado hacia ellos. Le dispararon tres o cuatro veces quitándole la vida.

Irma Ochoa, la madre de Tomás dijo que "La razón principal por la cual le dispararon a mi hijo fue porque su piel era morena. Sólo dos o tres semanas antes de su muerte - y la muerte de Hector Islas – algunos policías habían sido agredidos por hispanos. –"y yo sé en mi corazón que la policía andaba buscando venganza. Mi hijo no pertenecía a ninguna banda, ni usaba drogas. Él había estado en un programa de rehabilitación y ese día iba de regreso a casa".

PEDRO OREGON - ASESINADO POR INFORMACION ERRONEA

Houston, Texas. Actuando bajo información confidencial recibida, el 13 de Julio de 1998, 1:30 de la mañana, la policía de Houston hizo un allanamiento en un complejo de apartamentos en el barrio de Gulton en busca de "Julio", un distribuidor de drogas perseguido por la ley. Actuando equivocadamente y sin portar órdenes de arresto ni de requisa, la policía, allanó el apartamento de Pedro Oregón, un inmigrante Mexicano de 23 años de edad dedicado a la jardinería, a la vez que esposaron y golpearon al hermano de Oregón en la cabeza y el estómago, gritándole, "¿Tú eres Julio?". Pedro insistía en decirles que él no era Julio. No obstante, un policía disparó e hirió a otro policía, desatándose entonces una gran confusión en la cual se efectuaron 31 disparos en el apartamento. 12 de las balas le pegaron a Pedro Oregón, nueve de ellas en la espalda y, por lo menos, una en la parte posterior de la cabeza a quemarropa. La policía no encontró drogas en el apartamento y en el reporte toxicológico no se le encontraron ni narcóticos ni alcohol en el cuerpo de Pedro. En el apartamento se encontró una pistola , pero la policía admitió que ésta no había sido usada en la balacera de la madrugada del 13 de Julio.

Pedro Oregon dejó una esposa y 2 hijas y una comunidad que lo respetaba y lo quería. Una semana después de la muerte de Pedro, se orgranizaron movimientos de protesta en Houston. Los residentes del complejo donde vivía Pedro, al igual que los de vecindarios aledanos, se quejaron del constante acoso y abuso policial contra los inmigrantes latinos e hicieron comparaciones con los escuadrones de muerte de El Salvador, de donde algunos habían huído.

ACORN PETERS - EMBOSCADA EN LA RESERVACION

Round Valley Reservation, Mendocino, California. En la noche del 14 de Abril de 1995, Bear Lincoln y Leonard Acorn Peters caminaban por un carretera sin pavimentar en la reservación de Round Valley localizada en el condado de Mendocino, California. Los alguaciles, que estaban en alerta buscando el hermano de Acorn, abrieron fuego a los dos hombres sin ninguna advertencia. Acorn murió inmediatamente y Bear cayó al suelo respondiendo con fuego en defensa propia. En el tiroteo murió también el alguacil Bob Davis. Bear Lincoln, un habitante indígena norteamercano y activista, fue llevado a juicio por la muerte de Bob Davis y su amigo Acorn Peters. Sin embargo, un jurado compuesto por sólo miembros de la raza blanca exoneró a los policías de los cargos de asesinato, sin siquiera llegar a un acuerdo sobre el cargo menor de homicidio no premeditado.

Lincoln y quienes lo apoyan sostienen que la masiva y organizada muestra de solidaridad que recibió le favoreció en la corte. Bear dijo, "el público abrió los ojos"... Muchas buenas personas se reunieron". A ninguno de los policías se le ha imputado cargos de asesinato por abalear a Acorn Peters. Bear Lincoln continua luchando para que lo exoneren de los cargos restantes que le imputaron aquella noche.

PAUL BRYANT RODRIGUES - LOS CAMPOS MORTALES DEL CONDADO DE SONOMA.

Condado de Sonoma, California. El 10 de Marzo de 1998, Paul Bryant Rodrigues, un desalojado de 41 años de edad, recibió un disparo de un oficial de la policía de Petaluma el cual le causó la muerte. Rodrigues fue la decimoquinta víctima de la policía de Petaluma en menos de dos años. Paul no tenía pistola, pero la policía justificó los disparos diciendo que sostenía la pieza de metal de una bicicleta y que trotaba hacia ellos. La policía alegó que Paul había tratado de entrar a la fuerza a un centro de desamparados. Le dispararon dos veces a una distancia de 8 a 12 pies. El incidente, desde que la policía bajó de su carro hasta los disparos, tomó menos de 2 minutos. Los únicos testigos fueron los policías.

El director ejecutivo de la agencia que maneja el albergue en cuestión dijo que Paul no había sido expulsado del lugar por quebrantar las reglas y que al contrario, Paul trabajaba como vloluntario para pagar los servicios que le habían prestado. "Era una persona amable y buena gente", dijo el director al periódico local. Otros amigos resaltaron su generosidad y su curiosidad intelectual.

No se tomó ninguna acción en contra de la policía, en un condado donde todos los asesinatos cometidos previamente por la policía, han sido catalogados de homicidios justificados. (incluyendo el de Kuan Chung Kao, también mencionado aquí).

ANTHONY ROSARIO e HILTON VEGA - LES DISPARARON POR LA ESPALDA MIENTRAS ESTABAN ACOSTADOS BOCA ABAJO

New York. El 12 de enero de 1995, Hilton Vega, Anthony Rosario y Freddie Bonilla fueron a la casa de unos amigos para recoger dinero para una boda. Sin ninguna advertencia dos hombres de raza blanca salieron de un cuarto obscuro apuntando con pistolas y gritándoles a todos que se tiraran al suelo. Mientras uno de los hombres le disparaba a Hilton Vega, Anthony Rosario le preguntó por qué disparaban. Hilton no había opuesto resistencia. De acuerdo con Freddie Bonilla, que en ese momento había quedado paralizado por el miedo, el otro hombre blanco se le acercó a Anthony por la espalda y comenzó a dispararle. Una autopsia inicial de la policía fue después reversada, revelando que Hilton había recibido 8 disparos y Anthony 14. Los dos hombres blancos resultaron ser policías sin uniforme y ex-guardaespaldas del alcalde de New York, Rudy Giuliani. En una votación a puerta cerrada, el gran jurado se negó a acusar a los policías, no obstante que nunca llamaron a Freddie Bonilla a testificar.

Anthony Rosario tenía 18 años, su madre lo describe como "algo tímido y callado, un verdadero hijo de familia." Anthony tenía planes de casarse con su novia. "Cuando estuvimos en su cuarto encontramos una revista" dijo su mamá, "una revista de novias donde él y su novia habían escogido el tipo de vestido que ella iba usar para la boda". A la edad de 21 años, Hilton Vega de edad y había estado preso por robo de auto y estaba camino a reformar su vida. Los jóvenes estaban planeando poner un negocio de limpiar alfombras.

Después del asesinato de Hilton y Anthony, Margarita Rosario y otros padres de familia formaron la organización Padres en Contra de la Violencia Policial. "Mi hijo murió como una persona valiente porque mi hijo se levantó del piso y protestó contra lo que le estaban haciendo, por lo tanto, si mi hijo pudo hacer eso, yo puedo luchar por sus derechos. Y eso es lo que también debe hacer la demas gente, luchar por lo que creen que sea correcto, no por lo que creen se les vaya a dar seguridad. Si la gente piensa que lo que hace la policía esté mal, entonces que se levanten y a luchar. No tengan miedo. No deben tener miedo porque eso es lo que ellos quieren. Mi hijo ya se fue, pero todavía tengo otro hijo más jóven que tiene 14 años. Por lo tanto yo tengo que luchar por él también y por los otros chicos que estan creciendo. Es por el futuro los jóvenes por lo que estamos preocupados. ¿Por qué no hacer algo por el porvenir de estos jóvenes, nuestra futura generación, para que ellos no tengan que pasar por esto? Necesitamos cambiar el sistema. Definitivamente lo tenemos que hacer".

JAMES RHODES - NO TENIA ARMAS, NI DROGAS, NI ANTECEDENTES

Cleveland, Ohio. Con su mochila sobre el hombro y llena de libros del colegio, James Rhodes y su amigo estaban esperando el autobús a los 9:00 PM en el lado este de Cleveland el 19 de Febrero de 1997. Un carro de policía que hacía su ronda llegó hacia ellos casi golpeándolos, por lo que los jóvenes salieron corriendo en dirección contraria. Uno de los policías persiguió a James y cinco minutos después quedó tirado en el suelo brutalmente golpeado y muerto de un balazo.

La policía argumentó que estaba impidiendo que los jóvenes cerraran un trato de drogas, cuando James Rhodes trató de sacar una pistola, pero a los jóvenes no se le encontraron ni drogas, ni pistolas Los reportes de un investigador indicaron que James había sido golpeado primero en la cabeza y en una pierna y después recibió disparos en la espalda.

La muerte de Rhodes fue seguida por protestas. La prima de James, Anna-Marie Cora dijo - "Necesitamos estar juntos, necesitamos pelear antes de que este tipo de cosas vuelvan a pasar . . . Necesitamos saber el por qué. No se les encontró arma alguna, ni drogas, ni tampoco había existido un arresto previo. Ahora, hay un vacío en nuestras vidas. James Rhodes de 26 años, un hombre joven que tenía un futuro brillante. Su mamá y familia exigen respuestas. Y sin justicia, no habrá paz".

HENRY SANCHEZ - MUERTO A GOLPES EN LA CALLE

Bell Gardens, California. 19 de octubre de 1996: Henry Sanchez, un chicano de 35 años andaba en su bicicleta cerca de su casa en Bell Gardens, cuando se encontró con dos policías de una unidad especial anti-pandilla. Los policías empezaron a golpear a Henry, posteriormente llegaron otros más para apoyar a los primeros dos y estos últimos evitaron que las personas presentes intercedieran por Henry. Los testigos dicen que los policías lo golpearon con linternas y le patearon la cabeza, cuando por fín dejaron de hacerlo, Henry estaba muerto. La policía no ofreció ninguna razón por la cual Herny fue detenido y golpeado.

La gente del vecindario apreciaba a Henry Sanchez, también padre de una hija. Los residentes organizaron una serie de marchas y protestas; en una de las marchas subsecuentes a su muerte, la policía se quedó esperando hasta que los equipos de televisión se retiraron de lugar, para empezar a atacar a la muchedumbre con palos y gases irritantes. Carlos de la Cruz cuyo sobrino Richard Beatty fue también asesinado por la policia, estuvo presente en la manifestación, comentó al respecto "Me sorprendió enormemente darme cuenta de que hay policías así. Esto nos muestra la falta de respeto hacía las minorías. La policía nos estaban esperando con sus trajes anti-motínes, ellos fueron los que provocaron el motín, nosotros estabamos manifestando pacíficamente. La policía desprecia a la comunidad allí . . . Tratan a todo el mundo como animales y empiezan a golpearlos a todos."

DONALD P. SCOTT - ¿ASESINADO PORQUE ERA RICO?

Los Angeles, California. Donald Scott de 61 años de edad, millonario y de raza blanca con ceguera parcial, vivía en del Condado de Ventura.

Actuando con información errónea y a pesar de evidencias contrarias, los aguaciles del Condado de Los Angeles efectuaron una redada con el pretexto de buscar marihuana en el Rancho de Donald Scott y usando una orden de cateo ilegal allanaron la residencia. Scott se despertó cuando los alguaciles entraron violentamente en su casa. Salió de su recámara con una pistola, pero levantó las manos cuando reconoció que eran agentes. Mientras que su esposa rogaba que no le dispararan, los policías le ordenaron que bajara las manos y abrieron fuego contra él, argumentando que Scott había apuntado la pistola contra ellos.

Nunca se encontró ninguna planta de marihuana en la propiedad del Señor Scott. El fiscal del Condado de Ventura concluyó que el departamento de alguaciles de Los Angeles "fue motivado, al menos en parte, por el deseo de confiscar el rancho para el gobierno" (con un valor de $5 millones), pero se negó a poner cargos contra ellos.

ERIC SMITH - UN SUEÑO DESTROZADO

Chicago, Illinois. Eric Smith, un afroamericano de 22 años encontró la muerte el 9 de abril de 1996. Su madre, Wanda Hogue se había orillado en un extremo de la carretera para hablar mejor con Eric, su hijo, quien padecía de sordera. Molesto, Eric salió del coche, corriendo hacia el tráfico, siendo golpeado ligeramente por un auto. Policías de Forest View, un suburbio de Chicago, lo detuvieron y apuntando una pistola a la cabeza de Eric, lo llevaron a un lado de la carretera. Los intentos de Eric por comunicarse a través de señas, no fueron entendidos. Los policías lo golpearon con un bastón metálico y luego le dispararon seis veces, el último tiro fue hecho cuando Eric se encontraba de espaldas sobre el suelo. Posteriormente los policías esposaron a la madre y abuela de Eric, llevándolas detenidas a la estación de policía.

Eric era un estudiante de segundo año de la Universidad de Gallaudet, una escuela reconocida para sordos y personas con problemas de audición. Eric, practicante amateur de lucha libre, tenía planes de hacer una carrera como entrenador o maestro. Previamente en Washington, D.C., la policía lo había golpeado cuando solicitó asistencia a la policía debido a unos robos en su apartamento. La policía de Washington, D.C., extendió una disculpa escrita, pero ningún policía fue castigado por el abuso.

Después del incidente en Washington, Eric empezó a dar síntomas de depresión y fue precisamente al regreso de una sesión con su terapista, que fue asesinado. No hubo cargos, ni castigo para los policías que cometieron los crímenes contra Eric Smith.
El 22 de octubre de 1997, Wanda Hogue, la madre de Eric dijo, -"siento que el primer paso que

debemos tomar es el de asegurar que los policías sean encontrados responsables por lo que hicieron, quizás si ellos hubieran sentido los golpes de las linternas en sus cabezas... la manera en que estrangularon (a Jonny Grammage) y lo mataron a sangre fría. Esto está ocurriendo a menudo y necesitamos ponele alto. Voy a trabajar con todo el mundo con la esperanza de que podamos cambiar la situación."

JULIO TARQUINO – UN POLICIA ASESINO, MATA DOS VECES

Jersey City. En la madrugada del 7 de mayo de 1995, Julio Tarquino, su novia y un amigo fueron a una tienda en Jersey City para comprar comida. De acuerdo a los testigos, dos hombres de raza blanca empezaron a provocarlos, burlándose de los tres, pero Julio no les hizo caso y se encaminó a su coche dispuesto a irse.

Al salir del lugar, John Chuisolo, un policía de Jersey City, llegó y esposó a Julio, lo golpeó y lo tiró al suelo, dándole puntapiés repetidamente en la cabeza. Cuando la novia de Julio trató de dialogar con el oficial, el cual andaba en ropas civiles y se encontraba fuera de servicio, fue golpeada también. Tarquino, un inmigrante de Bolivia de 22 años, había trabajado como contratista, pintor de edificios y tenía planes de casarse. Era una persona con un buen sentido del humor y según sus familiares y amigos, un buen trabajador. El 11 de mayo Julio murió de una fractura en el cráneo.

El oficial Chuisolo en 1991 le había dado muerte a Maximino Cintrón un mecánico de 23 años de edad que también estaba desarmado. Hasta octubre de 1998, Chuisolo andaba libre bajo fianza y no había sido llevado a juicio.

CHARLES VAUGHN, SR.

Condado de Monterey, California. Charles Vaughn era un hombre de raza negra de 60 años, con problemas mentales pero funcional y sin ningún antecedente de violencia. El 19 de mayo de 1998, las autoridades de salud llamaron a la policía para que llevara a la fuerza a Charles al hospital, a pesar de que este no estaba em condiciones de merecer una hospitalización involuntaria. El policía, Sargento Louis Lumpkin, tenía una historia de acoso en contra de Charles Vaughn, fué el, y no las autoridades médicas, quien firmó la orden de hospitalización. Lumpkin y dos otros policías mas, tocaron a la puerta de la casa de Vaughn. Desde adentro Charles les dijo que lo dejaran solo y salió por la ventana de atrás de la casa llevando un descorchador en la mano. La policía lo siguió hasta el techo del apartamento de un piso, y en lugar de calmar la situación, continuaron persiguiéndolo hasta el techo, donde Lumpkin comenzó a rociarlo con gas irritante. Vaughn tambaleando, se sentó en el techo y Lumpkin, temporalmente se bajó del techo para a obtener otra lata de gas, para nuevamente rociar la cara de Vaughn. Fue entonces cuando, Charles Vaughn empezó a caminar hacia donde Lumpkin estaba, los oficiales abrieron fuego disparando tres balazos, matándolo.

Un amigo de Charles Vaughn lo recuerda así: "Nosotros dos jugamos deportes en la Universidad. Él era una estrella de fútbol americano. . . un 'All-American' atacador defensivo. Años más tarde se hizo activista político. Fué maestro también con tres grados académicos. Impartió clases desde 1969 hasta el 1976.

"Yo pertenecí a las Panteras Negras en los años 60. Chuck fue un firme seguidor del Partido de las Panteras Negras. Él fue dirigente de una organización de maestros Afro-Americanos del área de Monterrey . . . Chuck influyó en gran forma en mi decisión de continuar mi educación y de luchar por lo que es lo correcto - como activista de la comunidad y de la política. "En 1976 él empezó de sufrir de esquizofrenia, eso casi acaba con su vida... En los últimos siete años empezó a cuidarse mejor... Yo pienso que la policía quedó sorprendida cuando la comunidad se levantó en protesta después de su muerte, con tanta efusión de ira e indignación y los comentarios de mucha gente sobre la gran persona que era Chuck y el impacto tan grande y positivo que este hombre había tenido en sus vidas. Bueno, pienso que esto a ellos, les importa un 'comino' de cualquier manera."

ASWON "KESHAWN" WATSON - RECIBIO 18 DISPAROS MIENTRAS ESTABA SENTADO EN SU COCHE

Brooklyn, New York. A las 03:30 PM del 13 de junio de 1996, en una comunidad primordialmente caribena de East Flatbush en Brooklyn, Aswon "Keshawn" Watson salió de la peluquería y se subió a su coche. Súbitamente tres policías sin uniforme llegaron en un auto y bloqueando el carro de Aswon, se bajaron y sacaron sus armas, Aswan levantó las manos y entonces, según testigos, uno de los policías dijo, -"¡ Eres hombre muerto, nigger!" y abrieron fuego contra él, disparándole 18 balas en el cuerpo. Aswon, de 23 años, murió instantáneamente. Los policías se apresuraron a abandonar la escena, pero luego declararon que Watson había "hecho un movimiento sospechoso", intentando sacar un arma. Ningún arma le fue encontrada.

La indignación entre la comunidad produjo días y semanas de protestas. Después de nueve meses el Gran Jurado se reunió sobre el caso pero rehusó procesar a los policías.

WILLIAM "SMOKE" WHITFIELD - ASESINADO EL DIA DE NAVIDAD

Brooklyn, New York. El día de Navidad de 1997, William "Smoke" Whitfield salió a llamar a su madre. El hombre de raza negra, de 22 años de edad, queria dar a su madre la noticia de su compromiso de matrimonio con Candy Williams y sobre sus planes de llevarla a ella y sus dos hijos a la cena familiar de Navidad.

Argumentando que William era sospechoso en un tiroteo del vecindario, los policías lo siguieron hasta una tienda de abarrotes. Una vez en el interior de la tienda, ordenaron a todas las personas que se tiraran al piso. Uno de los oficiales, Michael Duggan declaró que Whitfield se había levantado con un "objeto negro" en la mano. El oficial Michael Davitt mató a Whitfield de un balazo en el pecho. Nunca encontraron arma alguna, ni en el cuerpo de Whitield, ni a su alrededor. El único objeto en su posesión eran sus llaves.

El oficial Davitt ha estado involucrado en más tiroteos que cualquier otro miembro del Departamento de Policía de Nueva York, incluyendo un incidente en 1994 donde el oficial Davitt abrió fuego contra un sospechoso de robo que tenía (también) un "objeto negro" en la mano. En aquel incidente el "objeto negro" era un reloj.

Cientos de personas se reunieron en protesta después del asesinato de William Whitfield. Willie Mae Whitfield, la abuela de William dijo, "Quiero justicia para mi nieto y no sólo para él, hay aquí muchos nietos ..."

CARL WILLIAMS - PRIMERO LA POLICÍA LE DA UNA MEDALLA Y DESPUES LO ASESINA.

Miami, Florida. Carl Williams vivía en Liberty City, Miami y trabajaba en un almacén. Williams de 29 años de edad, recibió una medalla de plata del Departamento de Policía de Miami-condado de Dade por su valor después de que Williams ayudó a controlar a una persona armada que se encontraba forcejeando con un policía. Incluso, el jefe de la policía le extendió una carta de recomendación a Williams.

El 17 de julio de 1998, Carl Williams fué asesinado por un policía de Miami. Según miembros de su familia, Williams salió de su casa a dispararles a unos tacuacines que se encontraban en un árbol de su jardín. Al mismo tiempo, el detective de la policía de Miami-Dade, Mark Bullard, se encontraba en el lugar persiguiendo a un sospechoso de robo pistola en mano. Pam Mitchell, la novia de Williams dijo, -"Williams tenía los manos en alto gritando, ¡vivo aquí!, ¡vivo aquí!". Hubo un tiroteo, todos los disparos salieron de la pistola semiautomática de 9mm de Mark Bullard. El médico examinador encontró siete heridas de bala en el cuerpo de Williams incluyendo una en la parte de posterior del hombro.

La policía dijo que Bullard había actuado en defensa propia y que los disparos habían sido justificados. Un vocero dijo que Bullard había ordenado a Williams que soltara el arma. Pero testigos oculares dijeron que tal órden no se dio. El único castigo que Bullard recibió fue una suspensión temporal de sus labores.

INTRODUCCIÓN

por Travis Morales

La publicación de la edición en español del Proyecto de 'Vidas Robadas' es un avance significativo en el movimiento para detener la brutalidad policíaca, represión y la criminalización de una generación. Para todos nosotros quienes en diferentes maneras nos oponemos a la brutalidad oficial perpetuada por la "migra" (Patrullas Fronterizas), que existe en contra de los inmigrantes en la frontera y de la policía en las ciudades, este proyecto es una importante herramienta que permite dar a conocer esta realidad. Asimismo la traducción en Español de este documento hará posible sacar a la luz aquellos casos de quienes sólo por el color de su piel, el lenguaje que hablan y el país de procedencia han sido objeto de golpizas y asesinatos.

Algunos políticos Republicanos y Demócratas han declarado un abierto ataque a los inmigrantes. Otros se hacen pasar por falsos amigos, elogiando a aquellos "buenos inmigrantes", que supuestamente 'juegan bajo las reglas', al mismo tiempo que en sus discursos hablan acerca de la diversidad y de la importancia que tienen las contribuciones de los inmigrantes y de como éstos son bien recibidos. Sin embargo esos políticos actúan como 'lobos vestidos de ovejas'. De hecho, ellos juegan un papel importante en las políticas de militarización de las fronteras, justificando con ello las redadas, las cacerías de inmigrantes y las deportaciones en las ciudades. En la pasada administración, poco tiempo después de haber subido al poder, Clinton anunció una nueva ofensiva en la guerra contra los inmigrantes cuando anunció : -"El hecho es que no debemos y no lo haremos, no entregaremos nuestras fronteras a aquellos quienes desean explotar nuestra historia apelando a la compasión y justicia"-. ¡¡ ¿Qué diablos son estas tonterías? !!, ¿De qué habla él y otros políticos? !!.

¿La 'compasión' de decirle a quienes han trabajado aquí por años, acabando sus vidas recogiendo cosechas, cosiendo ropa o construyendo edificios, que en su edad avanzada no podrán recibir ayuda médica? ¿La 'compasión' de decirle a nuestros niños que deben pasar hambre porque les son negados cupones de alimento? ¿La 'compasión' de la policía de Nueva York al disparar 19 balas en el cuerpo de Amadou Diallo?, ¿La 'compasión' de la policía de Houston al allanar el departamento de Pedro Oregón, quien recibió 12 disparos por la espalda? ¿La 'compasión' de negar a millones de personas el derecho a trabajar legalmente, en vez de dar luz verde a los empleadores para que los exploten, sólo porque no poseen los "documentos adecuados"?, ¿La 'compasión' de cazar a cientos de miles de personas, arrancándolas de sus familias y deportándolas a sus países de nacimiento sólo porque el gobierno les ha puesto la etiqueta de 'criminales extranjeros'?

Algunos oficiales del gobierno afirman que los inmigrantes son criminales porque han cruzado ilegalmente las fronteras de los Estados Unidos, llegando aquí a tratar de sobrevivir sin permiso. Preguntamos al Gobierno de los Estados Unidos: ¿Cuántas veces ustedes no han violado las fronteras de otros países?. Para los Mexicanos que leen esto: ¿Es que los Estados Unidos respetaron las fronteras mexicanas hace 150 años cuando robaron la mitad de su territorio?, ¿Respetan las fronteras actualmente cuando arman y entrenan a militares mexicanos para atacar y aplastar los levantamientos campesinos en Chiapas?. Para los Haitianos: ¿Respetaron los Estados Unidos las fronteras cuando los invadieron tantas veces y cuando subieron a Papa Doc y Baby Doc al poder?. Para los Puertorriqueños: ¿Respetaron los Estados Unidos las fronteras cuando los invadieron en 1898 y los han ocupado militarmente desde entonces?. Para los Dominicanos: ¿Respetaron sus fronteras cuando la marina de los Estados Unidos los invadieron en 1965?

Los Estados Unidos no tiene ningún derecho de hablar acerca de la inviolabilidad de sus fronteras, porque toda su historia está basada en invasiones, ocupaciones y saqueo a su antojo de otras naciones. En México, los Estados Unidos están llevando a cabo una desoladora política económica con el Tratado de Libre Comercio, generando con ello ganacias billonarias para ellos. Están arruinando la economía de una gran mayoría, induciendo a millones a dejar su tierras y trabajos, dejándolos sin más opción que la de emigrar hacia el norte. La región de la frontera con México y Estados Unidos ha sido convertida en una enorme maquiladora. Mujeres jóvenes mexicanas reciben salarios de $3.00 (dólares) por día, trabajando con químicos altamente peligrosos en fábricas administradas por grandes corporaciones de los Estados Unidos. En el Valle Imperial, Estado de California, trabajadores inmigrantes cosechan verduras mientras esquivan a la Patrulla Fronteriza. En América Central, después de que los Estados Unidos han devastado esas naciones, entrenando, armando y financiando escuadrones gubernamentales de la muerte que han asesinado a cientos de miles de personas; otros tantos millones han sido dejados a su suerte para morir de hambre o escapar de allí. Cualquier individuo que haya sido forzado a venir a los Estados Unidos para sobrevivir tiene el absoluto derecho a permanecer aquí.

No nos sorprende que nadie pueda sobrevivir el cruce de la frontera de México–Estados Unidos. La frontera ha sido convertida en un campo armado. Miles de policías de la Patrulla Fronteriza y personal militarizado han sido equipados con los últimos avances tecnológicos en armas. De igual forma los bloqueos militares en esta zona, obligan a personas a cruzar por áreas más peligrosas y ésto los convierte en blanco de disparos o hacen que mueran ahogados al intentar cruzar el Río Grande o fallecen ante el intenso calor por las altas temperaturas o esperan la muerte congelados en las montañas. Algunos investigadores universitarios estiman que más de 300 personas pierden la vida cada año en los campos mortales de producción en la frontera de México–Estados Unidos. Y el por qué de estos acontecimientos no es un misterio.

•Largas extensiones del Sur de Texas, California y Arizona han sido convertidas en zonas de guerra en la medida que los Humvees-patrullas y vehículos terrestres irrumpen el desierto buscando personas que hayan venido a levantar nuestra fruta, hacer nuestra ropa y a encontrar un modo de sobrevivir.

• Los vigilantes de Arizona y Texas, alentados por ataques oficiales anti-inmigrantes, cazan y asesinan inmigrantes, retornando a los capturados a la Patrulla Fronteriza. Los Jefes de Policía de Arizona retrasan conferencias de prensa para recibir apoyo de los rancheros racistas, mientras tanto acosan y amenazan a los dueños de tierras quienes proveen alimento, agua y asistencia a inmigrantes necesitados.

• Un plan del Departamento de Justicia que valida los trabajos en la frontera revela que las miles de muertes en las zonas fronterizas no son un simple accidente. La base de la estrategia preventiva del Servicio Nacional de Inmigración (INS) es forzar a los inmigrantes a cruzar la frontera a través de desiertos y montañas. En California, más de 500 inmigrantes han perdido la vida desde que la Operación Guardián (Gatekeeper) comenzó en Octubre de 1994.

Y si los inmigrantes sobreviven el cruce de la frontera, nuevos horrores les esperan en las ciudades. Muchos de ellos son obligados a vivir en el anonimato y la obscuridad, trabajando entre 60 y 80 horas a la semana y su ingreso está siempre por debajo del salario mínimo, si es que encuentran trabajo en talleres de costura, restaurantes, construcción o en granjas cosechando frutas y verduras. Los inmigrantes van y vienen de su trabajo, teniendo cuidado de esquivar a la policía y evitar puntos de revisión donde se encuentran los agentes de migración, ya que cualquier contacto con las autoridades tal como: exceso de velocidad, el no usar cinturón de seguridad; puede significar el ser deportado a pasar hambre y enfrentar a los escuadrones de muerte. El escándalo de los Ramparts en Los Angeles reveló que el procedimiento común de operación de la Policía de los Angeles, es el de implantar evidencias falsas, drogas y armas en inmigrantes para justificar los arrestos, disparos o asesinatos. Inmigrantes, quienes han sido testigos de la brutalidad policiaca han sido reportados al Servicio Nacional de Inmigración (INS) para su deportación, escondiendo y encubriendo así esta brutalización.

Sí, hay mucha brutalidad. Sin embargo la gente se ha estado organizando en oposición y resistencia. He aquí que la lucha ha avanzado una vez que cientos de miles se movilizaron en California en 1994 en contra de la Proposición 187. Decenas de miles marcharon cuatro años atrás en Washington, D.C. Más de 1,200 personas fueron encarceladas por protestar ante la exigencia de que los policías responsables por la muerte del inmigrante africano Amadou Diallo en Nueva York fueran sentenciados por cargos de asesinato. Muchos otros también han marchado y tomado edificios de escuelas en defensa de los estudios étnicos y la educación bilingue. El Primero de Mayo pasado, miles de personas, en su mayoría inmigrantes, marcharon a lo largo de los Estados Unidos para exigir anmistía incondicional para los indocumentados. En Houston, inmigrantes latinos marcharon por las calles exigiendo justicia para Pedro Oregón, lo que se convirtió en una batalla de dos años. En California José Palacios, quien valientemente rehusó negarle las licencias de manejo a inmigrantes indocumentados que solicitaron en el Departamento de Vehículos y Motores. En Arizona, muchos han protestado en contra del racismo de los llamados "vigilantes", iniciándose a la par un movimiento de apoyo y refugio. Este movimiento que está en crecimiento, ha sumado a muchas y diferentes organizaciones e individuos que están en contra de los ataques a los inmigrantes y también de los abusos policiacos, al mismo tiempo que conlleva una sólida plataforma cuyo propósito es el de exponer a la luz pública la brutalidad oficial.

La lucha contra la brutalidad policíaca ha sido larga y aún así queda mucho camino por recorrer. Esta lucha puede y debe crecer mucho más. Para ello es necesario un movimiento de resistencia decisivo y desafiante que alcance e involucre a individuos de diversas nacionalidades.

Uno de los argumentos del gobierno es que los inmigrantes vienen aquí, roban los trabajos de los norteamericanos y se benefician de la ayuda asistencial del gobierno (Welfare). La verdad es que estas personas están siendo obligadas a salir de sus países de origen y vienen a los Estados Unidos a sobrevivir. Más aún, todos los seres humanos tienen derecho a la sobrevivencia, sin menoscabo de su estado legal. El gobierno de los Estados Unidos dice que una persona de otro país, sólo por el hecho de cruzar la frontera sin permiso es un criminal y por lo tanto no tiene derecho a permanecer en el país. Hay que aclarar que ser un inmigrante no es un crimen, la vida humana es más importante que las leyes. El gobierno ha emitido nuevas leyes solicitando a trabajadores sociales y del área de salud a que reporten a los indocumentados al Servicio Nacional de Inmigración. Nosotros decimos que las personas con estancia legal, tienen la responsabilidad de confrontar y resistir las leyes injustas, para luchar a la par de nuestras hermanas y hermanos que han sido calificados como 'ilegales' y protegerlos.

La lucha en contra de la brutalización de inmigrantes, especialmente los ataques en la frontera, es un importante elemento en la batalla para detener la brutalidad policiaca, represión y la criminalización de una generación. La Edición en Español del Proyecto de Vidas Robadas debe ser distribuido a lo largo y ancho y sumar así, a más personas dentro de nuestro movimiento.

Travis Morales
Houston, Texas.
9/23/00

LA RESISTENCIA
P.O. Box 2823
Houston, Tx. 772522823
(713) 521-3099 (Voice or Fax)
e-mail: laresistencia@laresistencia.org

Juramento Vidas Robadas

Yo, __________________________________, juro que la vida y humanidad de estas vidas robadas no serán olvidadas. Juro que sus más altas esperanzas y aspiraciones vivirán en nosotros, buscando justica de éstas y todas las Vidas Robadas. En este sentido, juro que su memoria estará viva en nosotros e inspirará nuestra lucha por justicia y un mundo mejor.

22 de Octubre, 1999 Ida Nacional de Protesta para Parar la Brutalidad Policiaca, la Represión y las Criminizalizacion de una Generación!

Vidas Robadas son un proyecto de la Coalición del 22 de Octubre para Parar la Brutalidad Policiaca, El Gremio Nacional de Abogados, y la Fundación de Anthony Baez.

Proyecto Vidas Robadas
Octubre 22nd Coalition
P.O. Box 2627
New York, NY 10009
(212) 477-8062
(212) 477-8015 - fax

La mision del Proyecto de Vidas Robadas es asemblar una lista nacional de nombres de personas quienes murieron a manos de la policía y la patrulla fronteriza entre Mexico-EEUU. ¿Que queremos? ¿Que exige el pueblo? ¡Demandamos la justicia! Para contribuir a la lista del Proyecto, las personas que conozcan casos de brutalidad y muerte, deben llenara esta hoja y mandársela al Proyecto de Vidas Robadas a la dirección anotada arriba. Para envolverse en esta lucha debe comunicarse con las organizaciones anotadas abajo o con la oficina de la Coalición del 22 de Octubre más cercana a usted.

Nombre de la víctima: ______________________ **Edad:** ______ **Nacionalidad:** ______________
(en letra de molde por favor)

Fecha/lugar de nacimiento: ______________________ Fecha/lugar de muerte: ______________________
(Si tiene foto de la víctima, favor de incluirla)

Nombre de abogados: ______________________ **Numero de teléfono:** ______________________

Dirección: ____
calle ciudad estado código postal

¿Que paso?_____ ____

____

____

(favor de continuar en la parte taras de la hoja si sea necesario)

Favor de describir procedimientos legales y los resultados

____

____

¿Puede decirnos algo sobre la víctima que nos ayude a nosotros y a otros a conocerlo/la como persona?

____

¿Como prefiere que nos comunicamos con usted? ¿Por medio de su abogado, del pastor de su iglesia, en el trabajo, la escuela, en casa?

Nombre: ______________________________

Dirección : ____
calle ciudad estado código postal

Numero de teléfono: ______________________________

Favor de incluir lo mas de la información posible para ayudarnos a formar un reporte completo y verificar los hechos. Fotos, reportes por la policía, testimonios de testigos, otras cosas.

Anthony Baez Foundation
6 Cameron Place
Bronx, NY 10453
(718) 364-2879, (718) 798-2466
(718) 651-1681 - fax

National Lawyers Guild
8124 West 3rd Street, suite 201
Los Angeles, CA 90048
(323) 658-8627
(323) 653-3245 - fax

Oct. 22nd Coalition, National Office
P.O. Box 2627
New York, NY 10009
(212) 477-8062
(212) 477-8015 - fax

Los Rostros de Vidas Robadas

Merle Africa
Pittsburgh / Western Pennsylvania
3/13/98

Travis O'Neill Allen
Texas
7/15/95

Chila Amaya
San Francisco Bay Area / Northern California
3/7/98

Edward Anderson
Washington State
1/15/96

Michael "Buzz" Arnold
Los Angeles
3/27/98

Frankie Arzuaga
New York City / Westchester / Long Island
1/12/96

Anthony Baez
New York City / Westchester / Long Island
12/22/94

Patrick Bailey
New York City / Westchester / Long Island
10/31/97

Richard Beaty, Jr.
Los Angeles
2/9/96

Hassan Haamid
Cleveland, Oh
4/11/98

Kenneth Maurice Boyd
Washington State
1/4/99

Rudy Buchanan, Jr.
Arizona
1/29/95

Gidone "Gary" Busch
New York City / Westchester / Long Island
8/30/99

Charles Campbell
New York City / Westchester / Long Island
10/4/96

Michael Demonn Carpenter
Ohio (outside Cleveland)
3/19/99

Anibal Carrasquillo
New York City / Westchester / Long Island
1/22/95

Los Rostros de Vidas Robadas

Julio Salvador Castillo
Los Angeles
1/10/99

Angel Castro, Jr.
Chicago
10/23/96

Kevin Cedeno
New York City / Westchester / Long Island
4/6/97

Dustin Harley Clark
San Francisco Bay Area / Northern California
9/6/96

Steve Clemons
Los Angeles
9/2/91

Jason Collins
Chicago
7/10/94

Sherly Colon
New York City / Westchester / Long Island
4/24/97

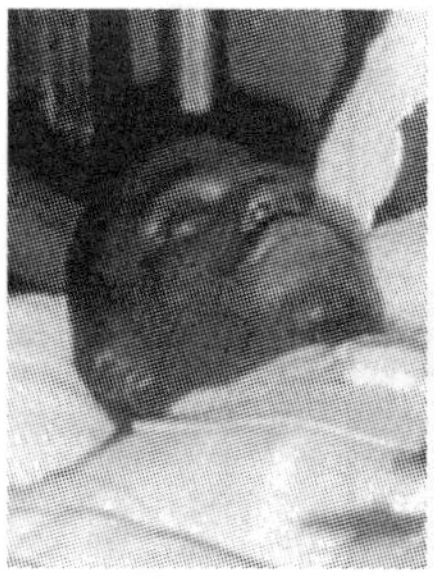

Otis Charles Cooks
Texas
8/8/96

Joseph N. Cooper, Jr.
Washington, D. C.
11/11/95

Stanton L. Crew
New Jersey
6/3/99

Sheila Detoy
San Francisco Bay Area / Northern California
5/13/98

Amadou Diallo
New York City / Westchester / Long Island
2/4/99

Arthur Díaz
San Francisco Bay Area / Northern California
9/10/94

Dario Diodonet
New York City / Westchester / Long Island
11/9/95

Demetrius DuBose
San Diego / Southern California
7/24/99

Harvey Lee Duke, Jr.
South Carolina
5/8/95

Los Rostros de Vidas Robadas

Antonio Silo Dunsmore
Washington State
4/22/95

Verlon Dykes
San Francisco Bay Area / Northern California
6/20/97

Archie "Artie" Elliott III
Maryland
6/18/93

Michael Federici
Arizona
4/16/98

Kenneth Brian Fennell
South Carolina
8/30/93

Johnny Gammage
Pittsburgh / Western Pennsylvania
10/12/95

Mark William García
San Francisco Bay Area / Northern California
4/6/96

Mike García
San Francisco Bay Area / Northern California
2/25/98

Yusef Kareem Gause
Connecticut
11/11/97

Anteneh Getachew
Washington, D. C.
10/14/95

Rigoberto González
Los Angeles
12/23/97

Ronald Gordon
Georgia
7/26/93

Joseph C. Gould
Chicago
7/30/95

Lamar Wayne Grable
Michigan
9/21/96

Malice Green
Michigan
November 1992

Preston Green
Los Angeles
10/26/93

Los Rostros de Vidas Robadas

Luke Grinage (Son)
San Francisco Bay Area / Northern California
7/15/93

Raphael Grinage (Dad)
San Francisco Bay Area / Northern California
7/15/93

Craig L. Guest
Pittsburgh / Western Pennsylvania
6/26/96

Jorge Guillén
Chicago
10/3/95

Dalon Gunn
Michigan
7/19/97

Robert Wayne Guy, Jr.
Washington State
12/29/97

Tyrone Guyton
San Francisco Bay Area / Northern California
11/1/73

Adolph Boyd, Jr.
Cleveland, Oh
4/14/97

LaTanya Haggerty
Chicago
6/4/99

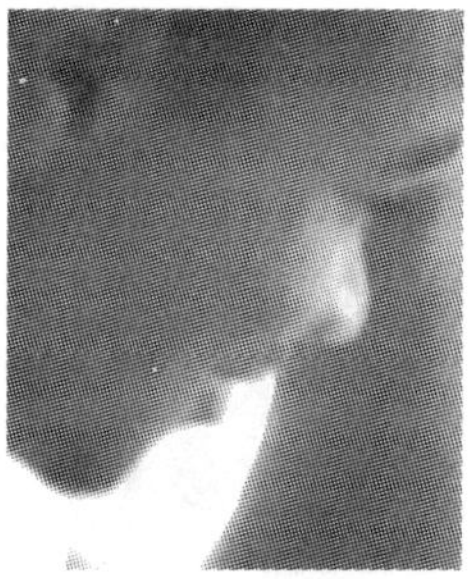

Jerrold Hall
San Francisco Bay Area / Northern California
11/15/92

Danny Harmon
Cleveland, Oh
November 1996

Dwayne Harris
Cleveland, Oh
9/14/91

James Harris
Cleveland, Oh
8/15/98

Kennith "Kenny" Harris
Virginia
8/2/97

Derek Paul Hayward
San Diego / Southern California
11/25/94

Dexter Aubrey Herbert
Los Angeles
3/24/89

Los Rostros de Vidas Robadas

Esequiel Hernandez, Jr.
Texas
5/20/97

Nicholas Heyward, Jr.
New York City / Westchester / Long Island
9/27/94

Keith Devi Hill
Maryland
1/26/96

Kelsey Lamont Hogan
Chicago
8/14/99

Darryl "Chubby" Hood
Los Angeles
11/15/97

Stephen Horton
Cleveland, Oh
1/1/97

Daryl Howerton
North Carolina
9/8/94

Yong Xin Huang
New York City / Westchester / Long Island
3/24/95

Dale Allen Hughes
San Francisco Bay Area / Northern California
11/19/97

Hector Martin Islas
Los Angeles
1/29/97

José Itturalde
Michigan
1993

Antonio Jackson
Washington State
12/14/93

Jaime Jaurequí
Los Angeles
3/9/96

Felix Jorge, Jr.
Upstate New York
7/28/94

Derek Jason Kaeseman
Texas
10/25/98

Kuan Chung Kao
San Francisco Bay Area / Northern California
4/29/97

Los Rostros de Vidas Robadas

Hong Il Kim
Los Angeles
2/14/96

Brennan King
Chicago
11/28/98

Aaron Kirk
San Francisco Bay Area / Northern California
11/23/98

Rodney "Banks" Laulusa
Hawaii
1/22/98

Reginald LaVergne
Texas
4/17/99

Leonard Lawton
New York City / Westchester / Long Island
1/20/96

Paul Anthony Maxwell
New York City / Westchester / Long Island
7/31/98

Phillip McCall
Philadelphia / Eastern Pennsylvania
5/18/98

Hector Mendez
New York City / Westchester / Long Island
1988

Anthony Merisier
New York City / Westchester / Long Island
10/24/94

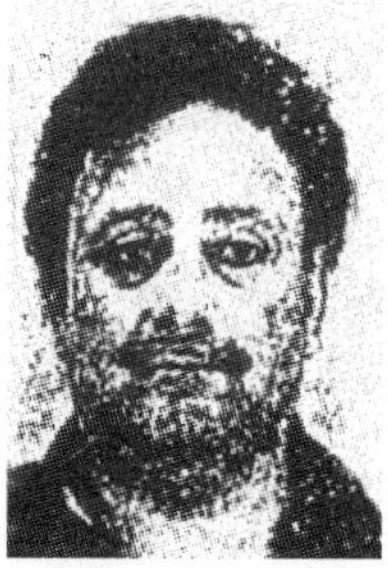

Dennis Richard Mickel
South Carolina
10/28/96

Tyisha Miller
Los Angeles
12/28/98

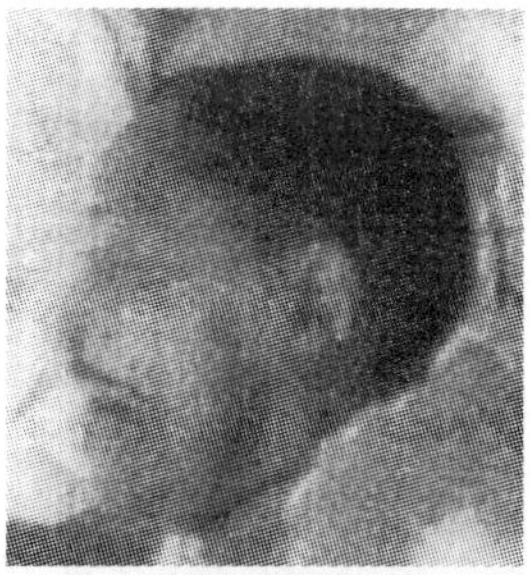

Bodegard Mitchell
Washington State
9/30/96

Kevin Morris
Chicago
1/18/98

Terrance Moses
Chicago
5/14/98

Shawn Mottram
Massachusetts
10/11/97

Los Rostros de Vidas Robadas

Kuthurima Mwaria
New York City / Westchester / Long Island
4/13/95

Jason Nichols
New York City / Westchester / Long Island
10/17/94

Angry Bear Nieto
Central California
6/2/88

Michael Tebbs Nunn
New York City / Westchester / Long Island
10/3/87

Frank Olsen
New York City / Westchester / Long Island
10/16/90

Pedro Oregón
Texas
7/12/98

James Parkinson
San Francisco Bay Area / Northern California
6/8/96

Tasia Patton
Arizona
4/16/98

Frankie Perkins
Chicago
3/22/97

Leonard "Acorn" Peters
San Francisco Bay Area / Northern California
4/14/95

Patrick Heslin Phelan
New York City / Westchester / Long Island
1/21/96

Eric Pitt
New York City / Westchester / Long Island
12/7/94

Thomas Pizzuto
New York City / Westchester / Long Island
1/8/99

Marwin Muñoz Prado
San Francisco Bay Area / Northern California
3/26/98

Sebastián Ramírez
Los Angeles
3/22/96

Douglas Reagan
Washington State
9/30/96

Los Rostros de Vidas Robadas

Leroy Reed
Chicago
1/16/98

James Rhodes
Cleveland, Oh
2/19/97

Jack Brian Richman
Chicago
11/18/97

Freddie Rivera
New York City / Westchester / Long Island
8/4/98

Dale Hearldeane Robbins
San Francisco Bay Area / Northern California
1/29/96

Kelvin Robinson
Los Angeles
10/19/97

Oliver Rodriguez, Jr.
Texas
11/29/97

Anthony Rosario
New York City / Westchester / Long Island
1/12/95

Robert Anthony Russ
Chicago
6/5/99

Michael Russell
Chicago
4/5/98

Tyrone Napolean Salters
South Carolina
4/29/98

Henry Sanchez
Los Angeles
10/19/96

José Manuel Sánchez
Los Angeles
11/30/92

Jose Antonio Sanchez
New York City / Westchester / Long Island
2/22/97

Ralf C. Sanjurjo
Washington State
11/15/96

Kevin Saunders
San Francisco Bay Area / Northern California
8/29/96

Los Rostros de Vidas Robadas

Gregory Sevier
Kansas
4/21/91

Edward Sheehan
San Francisco Bay Area / Northern California
11/1/95

Colico Smalls
Ohio (outside Cleveland)
8/4/99

Danny Ray Smith
Los Angeles
8/1/98

Eric Smith
Chicago
4/9/96

Justin H. Smith
Oklahoma
8/14/98

Gustavo Soto-Mesa
San Francisco Bay Area / Northern California
3/2/96

Frank Valdez
Florida
7/17/99

Miguel A. Valoy-Núñez
New York City / Westchester / Long Island
1/4/99

Aurea Bonnie Vargas
New York City / Westchester / Long Island
1/29/93

Bill Earl Vaughn
San Francisco Bay Area / Northern California
12/21/98

Charles Vaughn, Sr.
San Francisco Bay Area / Northern California
5/19/98

Hilton Vega
New York City / Westchester / Long Island
1/12/95

Aswon "Keshawn" Watson
New York City / Westchester / Long Island
6/13/96

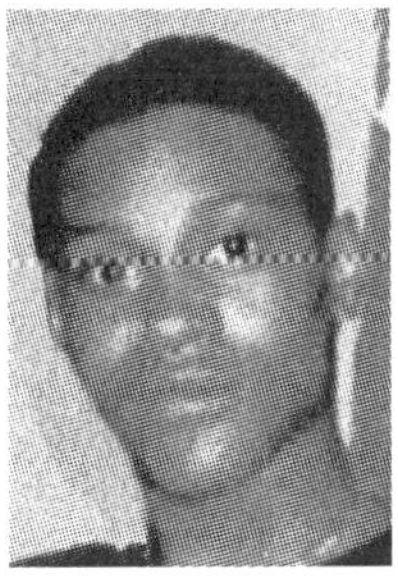

Raynard Anthony White
Chicago
2/12/99

William J. Whitfield
New York City / Westchester / Long Island
Dec. 25, 1997 (Christmas Day)

Los Rostros de Vidas Robadas

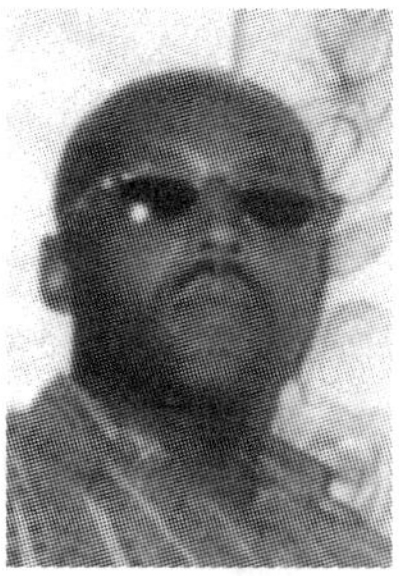

Aaron Williams
San Francisco Bay Area / Northern California
6/4/95

Charles Williams
San Francisco Bay Area / Northern California
3/1/97

NOMBRE	EDAD	ASCENDENCIA / NACIONALIDAD	
Donald Nabors 3 de agosto, 1998. Talladega: disparado por policías.	—	negro	ALABAMA
Calvin Moore 21 de febrero, 1996. Correccional de Kilby: negligencia médica.	18	—	
Bobby Dancy Lorenzo Ingram, Sr. King Casby Walter Williams, Jr. 25 de diciembre, 1995. Correccional de St. Clair: negligencia médica.	47 56 37 63	— — — —	
Terrance L. Cloyd 18 de mayo, 1993. Anchorage: disparado por policías.	20	—	ALASKA
Scott Norberg Verano del 1996. Carcel del condado de Maricopa: asfixiado bajo la custodia de policías o guardias.	—	—	ARIZONA
John Magoch Noviembre 1994. Glendale: disparado por oficial de custodia fuera de prisión.	61	—	
Hombre no identificado 16 de junio, 19??. (Arizona Boys Ranch) Oracle: perseguido hasta una situación fatal bajo la custodia de policías o guardias.	joven	—	
Houston Dotson Diciembre 1995. Phoenix: asfixiado por policías.	47	—	
Edward Mallet Agosto 1994. Phoenix: estrangulado por policías.	25	afroamericano	
Antonio Rentería 9 de septiembre, 1998. Frontera México-EU. (Cerca de San Louis): disparado por la patrulla fronteriza.	23	mexicano	
Glenn Alton Haring 7 de septiembre, 1998. Condado de Pima: disparado: por policías.	42	—	
Eduardo José Posada Sergio Cruz Tapia 4 de agosto, 1994. Condado de Cochise: causas desconocidas por la patrulla fronteriza.	23 26	chicano chicano	
Christopher Foote Spring Wright 31 de agosto, 1997. Condado de Maricopa: disparados por un busca recompensa.	—	—	

	NOMBRE	EDAD	ASCENDENCIA / NACIONALIDAD
ARIZONA	**Abdiel Burgüeno, Jr.** 2 de agosto, 1998. Scottsdale: disparado por policías.	20	—
	William Sershon 4 de julio, 1998. Glendale: disparado por agentes federales.	31	—
	Harold Shover, Jr. 3 de julio, 1998. Phoenix: disparado por policías.	20	—
	Donald Lininger 26 de julio, 1998. Phoenix: asfixiado bajo la custodia de policías o guardias.	—	blanco
	Rosalia Reyes 22 de julio, 1995. Condado de Cochise: causas desconocidas por la patrulla fronteriza.	38	chicana
	Rubén Corona Ortiz 20 de julio, 1992. Sur de Arizona: disparado por agentes de aduanas.	18	mexicano
	Darío Miranda Valenzuela 12 de junio, 1992. Nogales: disparado por la patrulla fronteriza.	23	mexicano
	Janet Zuelzke 19 de mayo, 1998. Phoenix: atropellada por un carro de policía por policías.	85	—
	Michael Johnson 7 de abril, 1998. Reserva indígena San Carlos: asesinado a golpes por policías.	50	indígena americano
	Hombre no identificado 28 de abril, 1998. Phoenix: disparado por policías.	—	—
	Ernie Salas 22 de abril, 1998. Phoenix central: rociado con gas picante por policías.	31	—
	Michael Federici **Tasia Patton** 16 de abril, 1998. Mesa: disparados por policías.	20 17	— —
	J. R. Kvernes 13 de abril, 1998. Phoenix: asfixiado por bomberos u oficiales no policíacos.	21	—
	Hombre no identificado 7 de marzo, 1998. Phoenix: disparado por policías.	—	—
	Nicholaus Contreraz 2 de marzo, 1998. (Arizona Boys Ranch) Oracle: negligencia médica bajo la custodia de policías o guardias.	16	—

NOMBRE	EDAD	ASCENDENCIA / NACIONALIDAD	
Jason Erin Marsh 25 de febrero, 1997. Glendale: disparado por policías.	26	blanco	ARIZONA
Richard Snow 12 de febrero, 1998. El norte de Phoenix: disparado por policías.	57	—	
Troy Edward Davis 12 de febrero, 1998. Phoenix: disparado por policías.	27	—	
Hombre no identificado 1998. Tempe: disparado por policías.	—	—	
Hombre no identificado 1990. Ajo: disparado por policías.	20	—	
Bruno Beltrán 20 de diciembre, 1996. Reserva Indígena Tohono O'odham: por la patrulla fronteriza.	—	mexicano	
Julio Valerio 14 de noviembre, 1996. Phoenix: disparado por policías.	16	chicano	
José Benito Sáenz 13 de noviembre, 1997. Glendale: disparado por policías.	18	—	
Hombre no identificado 9 de Enero, 1998. Casa Grand: disparado por policías.	—	latino	
Rudy Buchanan, Jr. 29 de Enero, 1995. Phoenix: disparado por policías.	22	latino-afroamericano	
Robert Clermont 13 de Enero, 1998. Tucson: disparado por policías.	36	—	
Marvin Glenn Johnson 29 de julio, 1995. Pulanski, carcel del condado: negligencia médica bajo la custodia de policías o guardias.	28	—	ARKANSAS
Othel junio Striplin 2 de octubre, 1997. Fort Smith: disparado por policías.	26	—	
Donald Creasy Mayo 1994. Prisión estatal de Corcoran: disparado.	31	—	CALIFORNIA CENTRAL
Suzannah Casas Cody Julio 1995. Taft Highway: disparada por policías.	—	—	
Michael Van Straaten Diciembre 1998. Prisión estatal de Corcoran: negligencia.	32	canadiense	

	NOMBRE	EDAD	ASCENDENCIA / NACIONALIDAD
CALIFORNIA CENTRAL	**Robert Lee Tavalaro** 5 de septiembre, 1998. Yolo, carcel del condado: negligencia médica bajo la custodia de policías o guardias.	41	—
	Minerva Gonzales 3 de septiembre, 1997. Correccional para mujeres de California central: negligencia médica.	36	latina
	Margarite Juárez 25 de septiembre, 1994. Correccional para mujeres de California central: negligencia médica.	—	latina
	John Peter Klink 23 de septiembre, 1998. Old Modesto: disparado por policías.	32	—
	Henry Noriega, Jr. 10 de septiembre, 1993. Prisión estatal de Corcoran: disparado.	23	—
	Juan Valdez 7 de agosto, 1996. Lamont (condado de Kern): disparado por policías.	16	latino
	Susan Bouchard 30 de agosto, 1996. Correccional para mujeres de California central: negligencia médica.	44	—
	Israel García 4 de julio, 1998. Fresno: disparado por policías.	—	latino
	Manuel García, Jr. 31 de julio, 1997. Selma (condado de Fresno): disparado por policías.	30	latino
	Hombre no identificado 26 de julio, 1998. Ivanhoe (condado de Tulare): disparado por policías.	22	—
	Francesca Shields 21 de julio, 1997. Correccional para mujeres de California central: negligencia médica.	—	—
	Ramón Gallardo, Sr. 11 de julio, 1997. Dinuba: disparado por policías.	64	—
	Maurice Morrison 7 de junio, 1993. Fresno: asesinado a golpes por policías.	43	—
	Angry Bear Nieto 2 de junio, 1988. Prisión New Folsom: disparado.	27	indígena (Apache)
	Michael Shane Merriott 14 de junio, 1997. Visalia: disparado por policías.	30	—

NOMBRE	EDAD	ASCENDENCIA / NACIONALIDAD	
Dwayne Eli Sánchez 13 de junio, 1998. Santa Maria: disparado por policías.	26	mexicano-americano	**CALIFORNIA CENTRAL**
Tom Neville 9 de mayo, 1998. Fresno: disparado por policías.	36	—	
Octavio Orozco 7 de mayo, 1998. (Prisión estatal de Pleasant Valley) Fresno: disparado.	23	—	
Brenda Otto 2 de mayo, 1997. Correccional para mujeres de California central: negligencia médica.	49	—	
Michael Mullins 8 de abril, 1993. Prisión estatal de Corcoran: disparado.	32	—	
William Martinez 7 de abril, 1989. Prisión estatal de Corcoran: disparado.	30	—	
Lyle Bradley Federman 21 de abril, 1998. (Sand Canyon) condado de Kern: disparado por policías.	43	—	
Preston Tate 2 de abril, 1994. Prisión estatal de Corcoran: disparado.	26	negro	
Hombre no identificado 23 de marzo, 1999. Fresno: disparado por policías.	—	—	
Kevin Wayne McNeil 22 de marzo, 1999. Santa Barbara (cerca de Los Carneros): disparado por policías.	32	—	
Jack Donald Souza 21 de marzo, 1999. Sacramento: disparado por policías.	28	—	
Larry Tobin 12 de marzo, 1999. Fresno: disparado por policías.	53	—	
Jennifer Strobel 4 de febrero, 1999. Campamento Pendleton: disparada por policías.	1	—	
Andres Cortez Romero 3 de febrero, 1990. Prisión estatal de Corcoran: disparado.	31	—	
Mark Anthony Pérez 22 de febrero, 1998. Prisión estatal de Salinas Valley: disparado.	—	—	

	NOMBRE	EDAD	ASCENDENCIA / NACIONALIDAD
CALIFORNIA CENTRAL	**Danny Dunn** 19 de febrero, 1999. Carcel del condado de Kern: rociado con gas picante por policías.	37	—
	Fidelino Pascua 1992. Marina (condado de Monterey): disparado por policías.	26	—
	Robert Forrest Murray 7 de diciembre, 1998. Delano: disparado por policías.	51	—
	Geraldo Jaurequí 7 de diciembre, 1993. Madera: asesinado a golpes por policías.	34	blanco
	Jeffery L. Morgan 6 de diciembre, 1997. Courtland: disparado por policías.	43	—
	Alfredo Ramírez, Jr. 27 de diciembre, 1998. Bakersfield: disparado por policías.	17	—
	Juan Cortez 23 de diciembre, 1997. Campamento Labor noreste de Visalia: disparado por policías.	29	—
	Michael Franklin 22 de diciembre, 1998. Button Willow: disparado por policías.	24	—
	Anna Jackson 2 de diciembre, 1994. Correccional para mujeres de California central: negligencia médica.	27	—
	Hombre no identificado 27 de noviembre, 1995. Kerman: causas desconocidas por policías.	—	mexicano
	Michael Allen Massengale 27 de noviembre, 1990. Sacramento: perseguido hasta una situación fatal por policías.	—	blanco
	Armando Alegría 19 de noviembre, 1994. Condado de Kern: disparado por policías.	17	latino
	Deandre Thomas 11 de noviembre, 1998. Sacramento: disparado por policías.	—	—
	Darryl Howell 7 de octubre, 1998. Taft: disparado por policías.	45	—
	Sarah Rodarmel 27 de octubre, 1996. Sacramento: perseguida hasta una situación fatal por policías.	20	—

NOMBRE	EDAD	ASCENDENCIA / NACIONALIDAD	
Candace Bennett 27 de octubre, 1992. Instituto para mujeres de California: negligencia médica.	—	—	CALIFORNIA CENTRAL
Ernesto Barajas 11 de octubre, 1997. Delano: disparado por policías.	22	—	
Alfonso Hernández 9 de Enero, 1998. Visalia: disparado por policías.	16	latino	
Jaime García Durán 8 de Enero, 1998. Centro correccional del condado de Tulare: negligencia médica.	48	—	
Lisa Pérez 5 de Enero, 1997. Correccional para mujeres de California central: negligencia médica.	33	latina	
Hombre no identificado 3 de enero, 1998. Oeste Sacramento: disparado por policías.	—	—	
William Ramos Primavera del 1997. Ventura: disparado por policías.	29	—	LOS ANGELES
Hombre no identificado Septiembre. 17, 1998. Los Angeles: perseguido hasta una situación fatal por policías.	—	—	
Etone Lewis Noviembre 1997. Los Angeles: disparado por policías.	—	—	
Butres Samaan Noviembre 1992. San Bernardino: disparado por policías.	—	—	
Ray Lee Carter Mayo 1996. Oxnard: rociado con gas picante por policías.	42	—	
Richard Coleman Mayo 1993. Hollywood: asfixiado bajo la custodia de policías o guardias.	35	—	
Freddy Santana Mayo 19, 19??. Exposition Park (LA): disparado por policías.	26	latino	
John Wighley Marzo 1994. (bajo custodia): asesinado a golpes bajo la custodia de policías o guardias.	—	—	
James Eugene Moore Junio 1998. Compton: disparado por policías.	51	—	
Nick Nelson 9 de septiembre, 1998. Ventura: disparado por policías.	43	—	

	NOMBRE	EDAD	ASCENDENCIA / NACIONALIDAD
LOS ANGELES	**Stephan Ream** 4 de septiembre, 1997. Mar Vista: disparado por policías.	47	—
	Joe Joshua 30 de septiembre, 1998. (South Central) Los Angeles: disparado por policías.	76	afroamericano
	Ebon Leggs 3 de septiembre, 1997. Artesia: disparado por policías.	26	—
	Han Huynh 22 de septiembre, 1998. Thousand Oaks: disparado por policías.	29	vietnamita
	Hombre no identificado 22 de septiembre, 1997. Condado de Los Angeles: disparado por policías.	—	—
	James Earl Bailey 22 de septiembre, 1988. Compton: disparado por policías.	27	negro
	Steve Clemons 2 de septiembre, 1991. Willowbrook (Condado de LA): disparado por policías.	28	negro
	Darryl A. Stephens 2 de septiembre, 1991. Covina del Este: disparado por policías.	27	negro
	Hombre no identificado 17 de septiembre, 1998. Glendale: perseguido hasta una situación fatal por policías.	—	—
	Hombre no identificado 16 de septiembre, 1997. Van Nuys: disparado por policías.	—	—
	Dwayne Nelson 13 de septiembre, 1998. (Athens) Los Angeles: asfixiado bajo la custodia de policías o guardias.	41	—
	Nicholas Dowey 12 de septiembre, 1997. Condado de Ventura: asesinado a golpes por policías.	21	—
	Theodore Franks 11 de septiembre, 1996. Playa Huntington: disparado por policías.	77	—
	Mario Paz 9 de agosto, 1999. Compton: disparado por policías.	64	latino
	Robert Gonzales 7 de agosto, 1998. Anaheim: causado por otro artefacto o incendio premeditado por policías.	—	latino

NOMBRE	EDAD	ASCENDENCIA / NACIONALIDAD	
Michael Fierro Arocha 4 de agosto, 1994. El Sereno: disparado por policías.	27	—	LOS ANGELES
Hombre no identificado 30 de agosto, 1998. San Gabriel: disparado por policías.	—	—	
Alfieri Shinaia 3 de agosto, 1997. Bell Gardens: disparado por policías.	23	—	
Arturo Jimenez 3 de agosto, 1991. Los Angeles: disparado por policías.	19	latino	
David Ortiz 28 de agosto, 1991. Los Angeles: disparado por policías.	15	latino	
Thomas Bryant 27 de agosto, 1998. Los Angeles: causas desconocidas bajo la custodia de policías o guardias.	37	—	
Hombre no identificado 27 de agosto, 1998. Lancaster: causas desconocidas bajo la custodia de policías o guardias.	37	—	
Eddie Ropati 27 de agosto, 1987. Whittier: disparado por policías.	41	latino	
Patricia Kay Gonzales 25 de agosto, 1997. Pasadena: disparada por policías.	54	—	
Hombre no identificado 23 de agosto, 1997. Paramount: disparado por policías.	60	—	
Frankie Taffolla 16 de agosto, 1990. Santa Ana: asesinado a golpes bajo la custodia de policías o guardias.	35	—	
Keith Hamilton 13 de agosto, 1991. Ladera Heights: disparado por policías.	33	negro	
Mujer no identificada 10 de agosto, 1998. Temple City: negligencia médica bajo la custodia de policías o guardias.	47	—	
Danny Ray Smith 1 de agosto, 1998. Correccional Twin Towers: asesinado a golpes bajo la custodia de policías o guardias.	34	afroamericano	
Raúl Madera 9 de julio, 1996. Carcel del condado de Ventura: negligencia médica bajo la custodia de policías o guardias.	23	latino	

	NOMBRE	EDAD	ASCENDENCIA / NACIONALIDAD
LOS ANGELES	Lawrence Albert Acosta 5 de julio, 1998. North Hollywood: disparado por policías.	27	latino
	Hombre no identificado 5 de julio, 1997. Los Angeles: disparado por policías.	—	—
	Tony Gutiérrez 29 de julio, 1995. Los Angeles: disparado por policías.	14	latino
	Michael Allen Lambert 27 de julio, 1997. Temple City: disparado por policías.	32	—
	Hombre no identificado 24 de julio, 1998. Pomona: disparado por guardias de seguridad privada.	—	—
	Terry James Parker 23 de julio, 1997. Granada Hills: disparado por policías.	—	—
	Hao Dinh Vu 2 de julio, 1998. Garden Grove: disparado por policías.	34	vietnamita
	Fernando Hernandez 2 de julio, 1997. Azusa: disparado por policías.	28	mexicano-americano
	Fernando Herrera, Jr. 18 de julio, 1996. Oxnard: asfixiado por policías.	25	latino
	Hombre no identificado 16 de julio, 1997. Los Angeles: disparado por policías.	23	—
	Jesús Vargas Trejo 12 de julio, 1995. Los Angeles: disparado por policías.	25	mexicano
	John Daniels, Jr. 1 de julio, 1992. Los Angeles: disparado por policías.	—	afroamericano
	Johnny Armendariz James Martínez 8 de junio, 1997. Corona: disparados por policías.	18 21	latino latino
	Fred Sammons 7 de junio, 1998. Van Nuys: disparado por policías.	20	—
	Hombre no identificado 30 de junio, 1998. Long Beach: disparado por policías.	60	—
	Hombre no identificado 27 de junio, 1997. Littlerock: disparado por policías.	—	—

NOMBRE	EDAD	ASCENDENCIA / NACIONALIDAD	
Robert Paiz 26 de junio, 1997. Rosemead: disparado por policías.	39	—	LOS ANGELES
Persona no identificada 26 de junio, 1995. Los Angeles: disparada por policías.	—	—	
Ricky Nickerson 26 de junio, 1993. Los Angeles: disparado por policías.	15	—	
Daniel García Zarraga 25 de junio, 1999. Van Nuys: disparado por policías.	47	—	
Kenny Moore 25 de junio, 1992. Los Angeles: disparado por policías.	16	afroamericano	
Joseph "Gangster" Sánchez 21 de junio, 1996. Los Angeles: disparado por policías.	15	—	
Michael Scott Coolidge 20 de junio, 1999. Westminster: disparado por policías.	35	—	
Persona no identificada 20 de junio, 1997. midtown Los Angeles: disparada por policías.	37	—	
Dana Richard de Hertoghe 19 de junio, 1999. Hemet (condado de Riverside): causas desconocidas por policías.	—	—	
John Huffman 16 de junio, 1994. Los Angeles: disparado por policías.	29	—	
William Anthony Ramos 14 de junio, 1997. Ventura: disparado por policías.	29	latino	
Daniel Collins 11 de junio, 1997. Pico Rivera: disparado por policías.	39	—	
Charlie Mulford 10 de junio, 1994. Anaheim: disparado por policías.	25	—	
Derek B. Myers 7 de mayo, 1998. Thousand Oaks: disparado por policías.	26	—	
Israel Chapa González 28 de mayo, 1997. Glendale: disparado por policías.	28	—	
Francisco Martínez 25 de mayo, 1998. Santa Ana: disparado por policías.	23	latino	

	NOMBRE	EDAD	ASCENDENCIA / NACIONALIDAD
LOS ANGELES	**Hombre no identificado** 22 de mayo, 1998. Long Beach: disparado por policías.	20	—
	Margaret LaVerne Mitchell 21 de mayo, 1999. (LaBrea y 4ta) Los Angeles: disparada por policías.	54	negra
	Eliberto Saldana 19 de mayo, 1987. East L.A.: disparado por policías.	20	latino
	Simón Velásquez 16 de mayo, 1997. Panorama City: disparado por policías.	22	—
	Juan Penilla 15 de mayo, 1994. Huntington Park: negligencia médica por policías.	40	—
	Hombre no identificado 12 de mayo, 1998. Azusa: disparado por policías.	—	—
	Manuel Hernandez 11 de mayo, 1987. Whittier: disparado por policías.	27	latino
	Hong Byong Chul 10 de mayo, 1996. Los Angeles: asfixiado por policías.	40	koreano
	Hombre no identificado 8 de abril, 1998. Los Angeles: disparado por policías.	—	—
	Hombre no identificado 8 de abril, 1997. Los Angeles: disparado por policías.	20	—
	Hombre no identificado 5 de abril, 1997. Los Angeles: disparado por policías.	—	—
	Darrell Harts 5 de abril, 1993. (South Central) Los Angeles: disparado por policías.	—	—
	Richard Thorpe 4 de abril, 1998. Torrance: disparado por policías.	39	—
	Richard Boyd 4 de abril, 1997. Los Angeles National Forest: disparado por policías.	32	—
	Mujer no identificada 29 de abril, 1999. Vernon: disparada por policías.	30	negra
	De Andre Harrison 29 de abril, 1992. Los Angeles: disparado por policías.	17	—

NOMBRE	EDAD	ASCENDENCIA / NACIONALIDAD
Bret Hughes 27 de abril, 1999. (Hollywood Hills) Los Angeles: disparado por policías.	47	—
James Gibbs 27 de abril, 1997. Hawthorne: disparado por policías.	31	—
Dwight Stiggons 26 de abril, 1997. Oeste de Covina: disparado por policías.	18	negro
Joven no identificado 25 de abril, 1997. South Central: disparado por policías.	13	—
Justice Hasan Netherly 25 de abril, 1993. Los Angeles: disparado por policías.	47	afroamericano
William Edward Meikle 23 de abril, 1998. Norwalk: disparado por policías.	21	—
Damian Garcia 22 de abril, 1980. East LA: disparado.	—	latino
Armando Rodriguez 21 de abril, 1999. Whittier Narrows: disparado por policías.	25	latino
Hombre no identificado 2 de abril, 1999. Inglewood: disparado por policías.	—	—
Juan Olvera González 2 de abril, 1998. Costa Mesa: disparado por guardias de seguridad privada.	28	latino
Jason Todd Hayley 18 de abril, 1998. Ventura: disparado por policías.	29	—
Hombre no identificado 11 de abril, 1998. Los Angeles: disparado por policías.	—	—
Cornelius Garland Smith 11 de abril, 1985. —: choques eléctricos por policías.	35	negro
Jaime Jaurequí 9 de marzo, 1996. Northridge: disparado por policías.	23	latino
Michael Bryant 9 de marzo, 1993. Los Angeles: asfixiado bajo la custodia de policías o guardias.	37	afroamericano
Pascual Solis 9 de marzo, 1987. East L.A.: disparado por policías.	—	latino

	NOMBRE	EDAD	ASCENDENCIA / NACIONALIDAD
LOS ANGELES	**Hombre no identificado** 8 de marzo, 1998. Long Beach: disparado por policías.	20	—
	Todd Tetrick 8 de marzo, 1997. Lancaster: disparado por policías.	35	—
	Hombre no identificado 7 de marzo, 1998. Long Beach: disparado por policías.	20	—
	Hombre no identificado 28 de marzo, 1997. Los Angeles: disparado por policías.	—	—
	Michael "Buzz" Arnold 27 de marzo, 1998. Los Angeles: disparado por policías.	39	blanco
	Hombre no identificado 24 de marzo, 1998. South Central (Athens) LA (?): asfixiado por policías.	43	—
	Dexter Aubrey Herbert 24 de marzo, 1989. Gardena: disparado por policías.	20	negro
	Hombre no identificado 22 de marzo, 1999. Los Angeles: disparado por guardias de seguridad privada.	18	—
	Gregory Brandon 22 de marzo, 1997. Los Angeles: disparado por policías.	34	—
	Sebastián Ramírez 22 de marzo, 1996. East L.A.: disparado por policías.	19	latino
	Gus Henry Woods 2 de marzo, 1999. Los Angeles: disparado por policías.	56	—
	Lisa Ann Rarick 18 de marzo, 1999. El Segundo: perseguida hasta una situación fatal por policías.	32	—
	Hombre no identificado 15 de marzo, 1998. Long Beach: disparado por policías.	21	—
	Santiago Calderon 12 de marzo, 1985. East LA: disparado por policías.	58	cubano
	Hombre no identificado 11 de marzo, 1998. (Athens) Los Angeles: asfixiado por policías.	43	—
	Richard Beaty, Jr. 9 de febrero, 1996. Montebello: disparado por policías.	21	mexicano-americano

NOMBRE	EDAD	ASCENDENCIA / NACIONALIDAD	
Juan Ramírez 8 de febrero, 1997. El Monte: disparado por policías.	35	latino	LOS ANGELES
Emil Matasareanu Larry Eugene Phillips 28 de febrero, 1997. North Hollywood: disparados por policías.	— —	— —	
Hombre no identificado 27 de febrero, 1997. Mar Vista: disparado por policías.	—	—	
Kim Benton Kirk Deffenbaugh Eric Fields 25 de febrero, 1997. Northridge: disparados por policías.	20 20 20	— — —	
Ricardo Clos 23 de febrero, 1999. East LA: disparado por policías.	—	latino	
Luis Romero 20 de febrero, 1998. Los Angeles: negligencia médica bajo la custodia de policías o guardias.	28	latino	
Manuel Diaz 20 de febrero, 1987. Los Angeles: disparado por pólicías.	16	latino	
Antonio Golden 19 de febrero, 1997. Lynwood: disparado por policías.	18	—	
Hong Il Kim 14 de febrero, 1996. Orange: disparado por policías.	27	koreano	
Chester Briggs 14 de febrero, 1988. Lennox (condado de LA): disparado por policías.	—	negro	
Anthony Gamboa 12 de febrero, 1999. Oeste de Covina: disparado por policías.	—	24	
Italia Tualaulelei Pouvi Tualaulelei 12 de febrero, 1991. Compton: disparados por policías.	22 34	samoana samoano	
Juan Hugo Gonzales 11 de febrero, 1997. Anaheim: disparado por policías.	—	latino	
Ivan Ortiz 1 de febrero, 1996. Los Angeles: disparado por policías.	27	—	
Anthony Mosqueda 1998. Montebello: disparado por policías.	17	latino	

	NOMBRE	EDAD	ASCENDENCIA / NACIONALIDAD
LOS ANGELES	**Darryl Hawkins** 1997. Gardena: disparado por policías.	26	—
	Keith Dapheney 1996. Los Angeles: disparado por policías.	20	negro
	Santiago López 1995. Los Angeles: disparado por policías.	17	latino
	Miguel Ruíz 1994. Los Angeles: disparado por policías.	—	latino
	José Ricardo Campa-Frías 1994. Los Angeles: disparado por policías.	—	latino
	Lorenzo Monzalvo 1993. Los Angeles: disparado por policías.	—	latino
	Emiliano Camacho 1992. Los Angeles: disparado por policías.	—	latino
	Michael Wayne Johnson 1988. Gardena: disparado por policías.	36	afroamericano
	Steve (apellido desconocido) 1976. Carcel del condado de Lynwood: ahorcado bajo la custodia de policías o guardias.	—	—
	Hombre no identificado 31 de diciembre, 1998. North Hollywood: disparado por policías.	32	—
	Hombre no identificado 31 de diciembre, 1998. South Central Los Angeles: disparado por policías.	—	—
	Hombre no identificado 31 de diciembre, 1998. San Fernando Valley: disparado por policías.	—	—
	James Travis McCracken 31 de diciembre, 1998. Studio City al borde de North Hollywood: disparado por policías.	34	—
	Mario Machado 31 de diciembre, 1997. Los Angeles: disparado por policías.	17	latino
	Marco Marangoni 31 de diciembre, 1996. Condado de Ventura: rociado con gas picante por policías.	29	—
	Daniel Rily 28 de diciembre, 1998. El Monte: disparado por policías.	—	—
	Tyisha Miller 28 de diciembre, 1998. Riverside: disparada por policías.	19	negra

NOMBRE	EDAD	ASCENDENCIA / NACIONALIDAD
William Hagerman	—	blanco
Tan Van Nguyen 27 de diciembre, 1997. Huntington Beach: perseguido hasta una situación fatal por policías.	—	vietnamita
Furman Little 27 de diciembre, 1997. Manhattan Beach: disparado por policías.	27	—
Abraham Camarena	14	—
Claudia Quiñonez	16	—
Lizett Quiñonez 24 de diciembre, 1996. Anaheim: perseguidos hasta una situación fatal por policías.	22	—
Angela Chimienti	19	—
Serafina Chimienti 24 de diciembre, 1996. Chatsworth: disparadas por policías.	25	—
Rigoberto González 23 de diciembre, 1997. Bell Gardens: disparado por policías.	18	latino
Arturo Reyes Torres 18 de diciembre, 1997. Orange: disparado por policías.	41	latino
Jennifer Lyn Clawson 16 de diciembre, 1994. Corona: atropellada por un carro de policía por policías.	20	—
Sonji Taylor 16 de diciembre, 1993. Los Angeles: disparada por policías.	27	afroamericana
José Luis Mendoza 1 de diciembre, 1997. —: disparado por policías.	26	—
Efraín López 9 de noviembre, 1992. Los Angeles: disparado por policías.	18	latino
José Manuel Sánchez 30 de noviembre, 1992. Los Angeles: disparado por policías.	15	mexicano
James Paul Majcherek 3 de noviembre, 1997. Seal Beach: causas desconocidas bajo la custodia de policías o guardias.	25	—
Walter Chavarría 3 de noviembre, 1997. Torrance: asfixiado por policías.	28	—
Tracy Mayoberry 3 de noviembre, 1990. Hollywood: asesinada a golpes por policías.	31	negra

	NOMBRE	EDAD	ASCENDENCIA / NACIONALIDAD
LOS ANGELES	**Hombre no identificado** 29 de noviembre, 1998. Culver City: disparado por policías.	—	—
	Henry Peco III 29 de noviembre, 1991. Watts: disparado por policías.	27	negro
	Mark Philyaw 26 de noviembre, 1997. L.A. Correccional Twin Towers: asesinado a golpes bajo la custodia de policías o guardias.	33	negro
	Tracy Joseph Melrose 25 de noviembre, 1998. Lancaster: disparada por policías.	33	—
	Hombre no identificado 24 de noviembre, 1998. Bellflower: disparado por policías.	—	—
	Dean Dial 24 de noviembre, 1997. Torrance: disparado por policías.	33	—
	Alfredo Joe Arellano 22 de noviembre, 1997. Garden Grove: disparado por policías.	33	latino
	Hombre no identificado 20 de noviembre, 1998. Los Angeles: disparado por policías.	—	—
	Hombre no identificado 15 de noviembre, 1998. Marina Del Rey: disparado por policías.	—	—
	Darryl "Chubby" Hood 15 de noviembre, 1997. (Proyectos de viviendas Jordan Downs) Watts: disparado por policías.	40	afroamericano
	Tres personas no indentifcadas 12 de noviembre, 1997. Fontana: perseguidas hasta una situación fatal por policías.	—	—
	Preston Green 26 de octubre, 1993. Lynwood: disparado por policías.	25	afroamericano
	Yusuf Hasan 2 de octubre, 1998. Carson: disparado por policías.	47	—
	Donald P. Scott 2 de octubre, 1992. Condado de Ventura: disparado por policías.	61	blanco
	Kelvin Robinson 19 de octubre, 1997. Los Angeles: disparado por policías.	33	negro

NOMBRE	EDAD	ASCENDENCIA / NACIONALIDAD	
Henry Sanchez 19 de octubre, 1996. Bell Gardens: asesinado a golpes por policías.	35	chicano	LOS ANGELES
Linda Wageman 14 de octubre, 1997. Mission Hills: perseguida hasta una situación fatal por policías.	44	—	
Joseph Ornelas 14 de octubre, 1991. Montebello: asesinado a golpes por policías.	25	latino	
Mujer no identificada 13 de octubre, 1998. (Avenida East Vernon) Los Angeles: disparada por policías.	—	—	
Hombre no identificado 13 de octubre, 1997. Los Angeles: disparado por policías.	22	—	
Mujer no identificada 12 de octubre, 1998. South Los Angeles: disparada por policías.	—	—	
Ajang Khadivi 1 de octubre, 1998. Winnetka: disparado por guardias de seguridad privada.	35	—	
Hombre no identificado 1 de octubre, 1998. Tarzana: disparado por guardias de seguridad privada.	—	—	
Luther Thomas Allen 1 de octubre, 1996. Oxnard: negligencia médica bajo la custodia de policías o guardias.	55	—	
Albert Trujillo Flores 6 de enero, 1998. Oxnard: disparado por policías.	46	latino	
Persona no identificada 5 de enero, 1995. Riverside: disparada por policías.	17	—	
Hector Martin Islas 29 de enero, 1997. Riverside: asesinado a golpes por policías.	—	—	
Jack Sexton 26 de enero, 1997. Port Hueneme: disparado por policías.	26	—	
Eduardo Ramírez 24 de enero, 1997. Buena Park: disparado por policías.	24	latino	
Oliver Beasley, Jr. 23 de enero, 1990. South Central (Athens) LA: disparado por policías.	27	negro	

	NOMBRE	EDAD	ASCENDENCIA / NACIONALIDAD
LOS ANGELES	**Thomas Ochoa** 22 de enero, 1997. Riverside: disparado por policías.	33	latino
	Persona no identificada 21 de enero, 1998. Los Angeles: disparada por policías.	—	—
	Stephen Bayer 18 de enero, 1999. Simi Valley: disparado por policías.	39	—
	Hombre no identificado 16 de enero, 1999. Malibu: disparado por policías.	49	—
	Dion Goodlow 16 de enero, 1999. South Central LA: disparado por policías.	19	negro
	Melvin Edward Thompson 16 de enero, 1989. Bellflower: disparado por policías.	32	negro
	Juan Gabriel Blanca 15 de enero, 1998. Santa Ana: disparado por policías.	28	latino
	Jarred Joe Arnett 14 de enero, 1997. Garden Grove: disparado por policías.	19	—
	Larry Pankey 13 de enero, 1997. Oxnard: disparado por policías.	36	—
	Roger Marito 13 de enero, 1997. West Hollywood: disparado por policías.	30	latino
	Julio Salvador Castillo 10 de enero, 1999. Lynwood: disparado por policías.	16	latino
	Terry Taylor 1 de enero, 1999. Los Angeles: disparado por policías.	—	—
	Nicolas Contreras 1 de enero, 1991. South Central: disparado por policías.	26	latino
	Pedro Castaneda 1 de enero, 1991. El Monte (condado de LA): disparado por policías.	28	mexicano
	Bruce Klobuchar Fecha desconocida. Los Angeles: asfixiado por policías.	25	—

NOMBRE	EDAD	ASCENDENCIA / NACIONALIDAD	
Raymond W. Quiroz Septiembre 1998. Campamento Pendleton: disparado por policías.	20	—	SAN DIEGO / SUR DE CALIFORNIA
José Manuel Campos 5-7 de septiembre , 1998. Santa Ana: disparado por policías.	28	latino	
Rosa María Gutiérrez Noviembre 1996. (Moreno Valley) condado de Riverside: perseguida hasta una situación fatal por policías.	53	—	
Francisco Jiminez 9 de septiembre, 1994. San Diego: disparado por policías.	—	latino	
Victor Mandujan Navarro 8 de septiembre, 1990. San Diego: disparado por la patrulla fronteriza.	17	mexicano	
Leonel Valenzuela 27 de septiembre, 1998. Goat Canyon (2 millas al oeste de San Ysidro): disparado por la patrulla fronteriza.	38	mexicano	
Oscar Abel Cordoba Velez 26 de septiembre, 1998. Cruce de la frontera de San Ysidro: disparado por la patrulla fronteriza.	23	mexicano	
Richard R. Webber 13 de septiembre, 1997. San Diego: asfixiado por policías.	46	—	
Anthony Tumminia 13 de septiembre, 1990. San Diego: disparado por policías.	21	—	
William Slusar 11 de septiembre, 1990. San Diego: disparado por policías.	39	—	
Miguel Valentín-Lorenzo 10 de septiembre, 1997. San Diego: disparado por policías.	34	—	
John Joseph Kelley 6 de agosto, 1990. San Diego: disparado por policías.	30	—	
Raad Wadie Jabro 3 de agosto, 1998. San Diego: disparado por policías.	31	—	
Ana Recia Ponce 23 de agosto, 1989. Norte del condado de San Diego: asesinada por la patrulla fronteriza.	22	mexicana	
Luís Eduardo Hernández 20 de agosto, 1989. San Diego: atropellado por un carro de policía por la patrulla fronteriza.	14	mexicano	

	NOMBRE	EDAD	ASCENDENCIA / NACIONALIDAD
SAN DIEGO / SUR DE CALIFORNIA	**Geremeskel Gebreselassie** 7 de julio, 1998. San Diego: disparado por policías.	36	etíope
	Demetrius DuBose 24 de julio, 1999. (Mission Beach) San Diego: disparado por policías.	28	afroamericano
	Bruce Todd Riddle 21 de julio, 1990. San Diego: causas desconocidas por policías.	29	—
	Hombre no identificado 4 de junio, 1998. Temecula: disparado por policías.	20	—
	Daniel L. Price 30 de junio, 1994. Condado de San Diego: asfixiado por policías.	35	—
	Anthony Reed 23 de junio, 1998. Reserva indígena Rincón: disparado por policías.	22	—
	Walter Andrew Welch 20 de junio, 1990. San Diego: disparado por policías.	41	—
	Luis Francisco Perez 16 de junio, 1990. San Diego: disparado por policías.	28	mexicano
	Persona no identificada 14 de junio, 1998. Fallbrook: disparada por policías.	—	—
	Antonio Silva Frías **Richard Horton** **Roberto López** 3 de mayo, 1995. Ruta 94, Condado de San Diego: perseguidos hasta una situación fatal por la patrulla fronteriza.	40 — 38	mexicano — mexicano
	Martín García Martínez 28 de mayo, 1994. San Diego: disparado por la Patrulla Fronteriza.	30	mexicano
	Ettore Capitumini 22 de mayo, 1998. Chula Vista: atropellado por un carro de policía por la Patrulla Fronteriza.	85	—
	Jose Eleazar Lopez-Ballardo 21 de mayo, 1990. San Diego: disparado por policías.	24	mexicano
	Hombre no identificado **Mujer no identificada** 2 de mayo, 1997. National City: disparados por policías.	— —	— —
	Juan Carlos Segura Camarena 11 de mayo, 1994. Condado de Imperial: negligencia médica por la patrulla fronteriza.	22	mexicano

NOMBRE	EDAD	ASCENDENCIA / NACIONALIDAD	
Gregory Markley 8 de abril, 1990. San Diego: causas desconocidas por policías.	27	—	SAN DIEGO / SUR DE CALIFORNIA
Rubén Joseph Cortez 6 de abril, 1998. Escondido: disparado por policías.	35	—	
Benjamin Chávez Múñoz	33	—	
Felipe Arias Bautista	31	—	
Fernando Ocampo Franco	25	—	
Hombre no identificado	—	—	
Hombre no identificado	—	—	
Jaime Chávez Múñoz	21	—	
Salvador Chávez Múñoz 6 de abril, 1996. (Temecula checkpoint) condado de Riverside: perseguidos hasta una situación fatal por la patrulla fronteriza.	19	—	
2 muertos, 19 heridos 26 de abril, 1996. Condado de San Diego: atropellados por un carro de policía por la patrulla fronteriza.	—	mexicanos	
Mark Kulok 25 de abril, 1998. Acton: disparado por policías.	31	—	
Alfonso Guillén 23 de abril, 1997. Condado de San Diego: perseguido hasta una situación fatal por la patrulla fronteriza.	21	mexicano	
Kenneth Putt 18 de abril, 1998. Oceanside: disparado por policías.	64	—	
Charles "Chuck" Hill 15 de abril, 1992. Riverside: asesinado a golpes por policías.	—	negro	
Richard Narváez 1 de abril, 1997. National City: disparado por policías.	34	chicano	
Gonzalo Cardena Solorza (?)	25	mexicano	
José Angel Leobardo Márquez (?)	39	mexicano	
Daniel Toro López 27 de marzo, 1999. (Dulzura) Este del condado de San Diego: accidente dentro del coche policiaco por la patrulla fronteriza.	26	mexicano	
Robert Gomez 2 de marzo, 1999. Placentia (bajo custodia): negligencia médica bajo la custodia de policías o guardias.	46	—	
José Luis Ramírez 17 de marzo, 1999. (Logan Heights) San Diego: disparado por policías.	30	latino	
Jorge Robles 9 de febrero, 1990. (Ocean Beach) San Diego: disparado por policías.	29	mexicano	

	NOMBRE	EDAD	ASCENDENCIA / NACIONALIDAD
SAN DIEGO / SUR DE CALIFORNIA	**Ryan O. Cooty** 8 de febrero, 1999. San Diego: perseguido hasta una situación fatal por policías.	18	—
	Kevin L. Silva 24 de febrero, 1998. San Diego: rociado con gas picante por policías.	37	—
	Mujer no identificada 22 de febrero, 1999. Mira Loma: perseguida hasta una situación fatal por policías.	—	—
	Roger Varela 2 de febrero, 1991. San Diego: disparado por policías.	22	—
	Yachun junio Meng 19 de febrero, 1999. Mira Mesa: atropellado por un carro de policía por policías.	32	—
	Apolinaria Santiago Hernández 12 de febrero, 1998. Cerca de El Centro: perseguida hasta una situación fatal por la patrulla fronteriza.	—	mexicana
	Hombre no identificado 1995. San Diego: disparado por policías.	—	—
	Ricardo Fernando Ziadie 1995. Oceanside: disparado por policías.	34	—
	Melodee Beleu 1993. Oceanside: disparada por policías.	—	—
	Christine Turner 9 de diciembre, 1998. San Diego: perseguida hasta una situación fatal por policías.	9	—
	Michael C. Colvette 30 de diciembre, 1994. Correccional de Donovan: disparado.	23	—
	Hombre no identificado 14 de diciembre, 1998. Riverside: disparado por policías.	—	—
	Adam Williamson 14 de diciembre, 1996. Riverside: estrangulado por policías.	25	—
	Bernardino Chavarría 13 de diciembre, 1997. San Marcos: disparado por policías.	21	—
	Adán Canseco 8 de noviembre, 1997. Vista: disparado por policías.	20	latino
	Chessmur Nicolo Cucchiara 25 de noviembre, 1997. San Diego: disparado por policías.	—	—

NOMBRE	EDAD	ASCENDENCIA / NACIONALIDAD	
Michael Bangaan 25 de noviembre, 1997. San Diego: disparado por policías.	54	—	SAN DIEGO / SUR DE CALIFORNIA
Derek Paul Hayward 25 de noviembre, 1994. Riverside: estrangulado por policías.	30	blanco	
Michael P. Generakos 23 de noviembre, 1998. Costa Mesa: disparado por policías.	45	—	
Jorge Figueroa 22 de noviembre, 1997. Nestor: disparado por policías.	—	latino	
Humberto Robles Valenzuela 2 de noviembre, 1990. San Diego: disparado por la patrulla fronteriza.	33	mexicano	
Christopher Lloyd 28 de octubre, 1998. (Area Kensington) San Diego: disparado por policías.	32	negro	
Edwin Miller 23 de octubre, 1997. (Colton) condado de San Bernadino: disparado por policías.	31	—	
Lonnie Wagner 16 de octubre, 1998. Fontana: disparado por policías.	—	—	
Tuan Thanh Tang 10 de octubre, 1998. Westminster: asfixiado bajo la custodia de policías o guardias.	19	asiático	
Eliseo Santos Carmona 23 de enero, 1996. San Diego: perseguido hasta una situación fatal por la patrulla fronteriza.	24	mexicano	
Enríquez Santos 22 de enero, 1997. Este del condado de San Diego: por la patrulla fronteriza.	26	mexicano	
Theodore Paul Miodusewski 20 de enero, 1998. San Diego: disparado por policías.	37	—	
Maria Juventina Resendiz Soto 18 de enero, 1990. Condado de San Diego: por la patrulla fronteriza.	17	mexicana	
Irvin Landrom, Jr. 17 de enero, 1999. Claremont: disparado por policías.	19	negro	
Martin Santos Castro, Jr. 17 de enero, 1998. San Diego: disparado por policías.	17	—	

	NOMBRE	EDAD	ASCENDENCIA / NACIONALIDAD
SAN DIEGO / SUR DE CALIFORNIA BAHÍA DE	**Edward Castillo** 10 de enero, 1999. Newport Beach: perseguido hasta una situación fatal por policías.	24	—
	Arnold Damon Pérez 1 de enero, 1998. Placentia: disparado por policías.	25	—
SAN FRANCISCO / NORTE DE CALIFORNIA	**Brandon Auger** Septiembre 1998. San Jose (bajo custodia): asfixiado bajo la custodia de policías o guardias.	26	—
	Doron Robert Lifton Septiembre 1997. Vacaville: disparado por policías.	33	—
	Mark Adams Marzo 1994. Prisión estatal de San Quentin: disparado.	30	—
	Donald Kizart Enero 1983. Richmond: disparado por policías.	—	negro
	Rosebud Denovo Agosto 1992. Berkeley: disparado por policías.	22	blanco
	Carol Ann Carlen Abril 1992. Oakland: causas desconocidas por policías.	46	—
	Dustin Harley Clark 6 de septiembre, 1996. (Santa Rosa) condado de Sonoma: asesinado a golpes por policías.	23	Italiano
	William Hankston 6 de septiembre, 1995. San Francisco: disparado por policías.	29	negro
	Timothy Pride 30 de septiembre, 1994. Prisión de San Quentin: disparado.	—	—
	Robert McMaster 29 de septiembre, 1997. Napa: disparado por policías.	30	—
	Albert Glen Thiel 28 de septiembre, 1997. (Arden-Arcade Area) Sacramento: asfixiado por policías.	35	negro
	Moses Pardo, Sr. 27 de septiembre, 1994. San José: disparado por policías.	68	mexicano
	Spencer Mobley 27 de septiembre, 1992. Oakland: disparado por policías.	24	negro

NOMBRE	EDAD	ASCENDENCIA / NACIONALIDAD
Jason Raymond Harritt 24 de septiembre, 1998. Pittsburg: disparado por policías.	25	—
Glafira Campos 2 de septiembre, 1998. Hayward: perseguida hasta una situación fatal por policías.	55	mexicana
Ricky Pierre 19 de septiembre, 1995. El este de Palo Alto: disparado por policías.	—	negro
Martin Robles Arias 16 de septiembre, 1998. Antioch: disparado por policías.	32	—
José Martínez 15 de septiembre, 1993. Fresno: asesinado a golpes por policías.	26	latino
Mark Smith 11 de septiembre, 1998. Oakland: disparado por policías.	—	negro
Venus Renee Beaird 10 de septiembre, 1997. Oakland: disparada por policías.	37	negra
Arthur Díaz 10 de septiembre, 1994. San Jose: atropellado por un carro de policía por policías.	38	latino
Patrick Adams 9 de agosto, 1993. Fremont: disparado por policías.	—	blanco
Jesse Castillo 6 de agosto, 1993. Prisión de Pelican Bay: disparado.	20	—
Richard García 5 de agosto, 1993. Sacramento: asesinado a golpes por policías.	28	latino
Baraka Hull 30 de agosto, 1993. Oakland: disparado por policías.	19	negro
Hue Truong 3 de agosto, 1997. San Francisco: disparado por policías.	38	vietnamita
Kevin Saunders 29 de agosto, 1996. Santa Rosa: disparado por policías.	37	indígena americano
Fatt Lai 25 de agosto, 1999. Antioch: disparado por policías.	64	—
Phillip Joseph Hourigan 22 de agosto, 1998. (Roseville) condado de Placer: disparado por policías.	50	—

	NOMBRE	EDAD	ASCENDENCIA / NACIONALIDAD
BAHÍA DE SAN FRANCISCO / NORTE DE CALIFORNIA	**Mildred Porter** 2 de agosto, 1997. Oakland: perseguida hasta una situación fatal por policías.	60	—
	Nathan Cosby 19 de agosto, 1993. Oakland: disparado por policías.	32	negro
	Durk Chavis 18 de agosto, 1998. Oakland: perseguido hasta una situación fatal por policías.	25	—
	Johnny Benson 18 de agosto, 1998. Oakland: perseguido hasta una situación fatal por policías.	24	—
	Kevin Joice 18 de agosto, 1993. Oakland (?): disparado por policías.	17	—
	George Orozco Intiriano 7 de julio, 1996. San Jose: disparado por policías.	27	—
	William John Blattner 29 de julio, 1993. San Jose: disparado por policías.	34	—
	Thomas Trevino 26 de julio, 1995. San Jose: disparado por policías.	38	—
	Kenneth Wm. Beeby, Jr. 21 de julio, 1997. Manteca: disparado por policías.	—	—
	Marvin Noble, Jr. 16 de julio, 1998. Ukiah: disparado por policías.	45	afroamericano
	Raphael Grinage (Padre) **Luke Grinage (Hijo)** 15 de julio, 1993. Oakland: disparados por policías.	62 21	negro negro
	Brian Sullivan 15 de julio, 1993. San Francisco: disparado por policías.	22	blanco
	Charles Mann 14 de julio, 1994. Condado de Placer: asesinado a golpes por policías.	43	blanco
	Johnny Williams 11 de julio, 1997. San Francisco: disparado por policías.	20	—
	George Lockhard, Jr. 11 de julio, 1994. San Francisco: causas desconocidas por policías.	34	negro
	James Parkinson 8 de junio, 1996. Fairfield: rociado con gas picante por policías.	25	blanco

NOMBRE	EDAD	ASCENDENCIA / NACIONALIDAD
Robert Olin Jacobson 8 de junio, 1995. San Jose: asfixiado bajo la custodia de policías o guardias.	—	—
Tartommie Bivens 7 de junio, 1997. Oakland: disparado por policías.	26	afroamericano
Leslie Baranowski 6 de junio, 1998. Newcastle: disparada por policías.	39	—
Joannie Marie Holmes 4 de junio, 1997. Carcel del condado de Sonoma: negligencia médica bajo la custodia de policías o guardias.	35	blanca
Aaron Williams 4 de junio, 1995. San Francisco: asesinado a golpes por policías.	35	negro
Peter Anthony Knauss 30 de junio, 1994. San Jose: disparado por policías.	38	blanco
Douglas James Moore 3 de junio, 1993. San Jose: disparado por policías.	21	—
Johaun S. Hayward 27 de junio, 1981. Richmond: disparado por policías.	25	afroamericano
Verlon Dykes 20 de junio, 1997. Oakland: disparado por policías.	26	negro
Sammy Marshall 15 de junio, 1997. Prisión estatal de San Quentin: rociado con gas picante.	—	—
David Boss 14 de junio, 1995. San Francisco: disparado por policías.	42	—
Scott Hodgson 13 de junio, 1993. San Jose: rociado con gas picante por policías.	38	blanco
Carl Sciabarra 7 de mayo, 1993. San Jose: disparado por policías.	22	blanco
Lance Rubalcava 30 de mayo, 1993. San Jose: disparado por policías.	32	—
Jerry C. Joaquín 30 de mayo, 1988. Richmond: disparado por policías.	—	filipino
Sean Seibel 29 de mayo, 1998. Manteca: disparado por policías.	28	blanco

	NOMBRE	EDAD	ASCENDENCIA / NACIONALIDAD
BAHÍA DE SAN FRANCISCO / NORTE DE CALIFORNIA	**Hombre no identificado** 29 de mayo, 1998. San Francisco: disparado por policías.	—	—
	Shiloe Ray Johnson 29 de mayo, 1997. Napa: disparado por policías.	21	blanco
	Victor Duran 28 de mayo, 1998. Carcel del condado Santa Clara: asfixiado bajo la custodia de policías o guardias.	32	—
	Philip Lewis 22 de mayo, 1990. Sacramento: atropellado por un carro de policía por policías.	16	—
	Charles Vaughn, Sr. 19 de mayo, 1998. Seaside: disparado por policías.	60	afroamericano
	Sheila Detoy 13 de mayo, 1998. San Francisco: disparada por policías.	17	filipina
	Robert Roy Davis 11 de mayo, 1998. Alameda: perseguido hasta una situación fatal por policías.	58	—
	Eligio G. Dator 10 de mayo, 1998. Sunnyvale: disparado por policías.	29	—
	Steve Silver (Akkadet Pathomkrut) 9 de abril, 1998. (Roseville) condado de Sacramento: disparado por policías.	33	camboyano
	David Del Real 8 de abril, 1994. Condado de Solano: rociado con gas picante por policías.	21	latino
	Tria Lor (daughter) **Ge Vue (mother)** 7 de abril, 1997. Sacramento: golpeadas por un carro de policías.	13 31	— —
	Mark William García 6 de abril, 1996. San Francisco: rociado con gas picante por policías.	41	latino
	Kuan Chung Kao 29 de abril, 1997. Rohnert Park: disparado por policías.	33	chino
	Davin Fuller 28 de abril, 1985. San Francisco: disparado por policías.	14	negro
	Carol Frye 25 de abril, 1998. Carcel de la ciudad de San Francisco: negligencia médica bajo la custodia de policías o guardias.	48	blanca

NOMBRE	EDAD	ASCENDENCIA / NACIONALIDAD
Thomas Peter Stav 21 de abril, 1998. (Carretera 17) Santa Clara: disparado por policías.	21	—
Hombre no identificado 21 de abril, 1998. Santa Clara: disparado por policías.	20	—
Richard Rosenberg 18 de abril, 1999. Fremont: disparado por policías.	36	—
Tony Johnson 18 de abril, 1994. Condado de Sacto: rociado con gas picante por policías.	28	blanco
Michael Stallworth 14 de abril, 1997. Stockton: disparado por policías.	—	—
Leonard "Acorn" Peters 14 de abril, 1995. (Ukiah) condado de Mendocino: disparado por policías.	—	indígena americano
Quincy Jackson 14 de abril, 1993. San Jose: disparado por policías.	20	negro
Richard Dale Collins 14 de abril, 1991. San Jose: disparado por policías.	45	blanco
Jesús Julio Morales 13 de abril, 1999. San Jose: disparado por policías.	40	mexicano
Esteven Velez 11 de abril, 1997. Concord: disparado por policías.	31	latino
James Hopper 1 de abril, 1995. Santa Rosa: causas desconocidas por policías.	37	—
Chila Amaya 7 de marzo, 1998. Union City: disparada por policías.	35	latina
Michael Scott Carter 7 de marzo, 1998. (condado de Placer) Truckee: disparado por policías.	34	—
Larry Edward Glendowne 30 de marzo, 1998. San Jose: disparado por policías.	49	blanco
Marwin Muñoz Prado 26 de marzo, 1998. Vallejo: disparado por policías.	21	filipino
Gustavo Soto-Mesa 2 de marzo, 1996. San Jose: disparado por policías.	33	latino

	NOMBRE	EDAD	ASCENDENCIA / NACIONALIDAD
BAHÍA DE SAN FRANCISCO / NORTE DE CALIFORNIA	**Paul B. Rodrigues** 10 de marzo, 1998. Petaluma: disparado por policías.	41	isleño del pacífico-latino
	Long Phi Tran 1 de marzo, 1999. San Jose: disparado por policías.	26	vietnamita
	Kisha Davis 1 de marzo, 1998. Sacramento: perseguida hasta una situación fatal por policías.	18	—
	Charles Williams 1 de marzo, 1997. Oakland: disparado por policías.	23	negro
	Anthony Manuel Montiel 6 de febrero, 1999. San Jose: disparado por policías.	31	—
	David Torres 4 de febrero, 1998. Prisión estatal de High Desert: disparado.	29	latino
	Michael Moore 4 de febrero, 1998. Oakland: disparado por policías.	23	—
	Richard Townsend 4 de febrero, 1994. San Jose: disparado por policías.	33	—
	Robert Greer 3 de febrero, 1997. San Francisco: causas desconocidas por policías.	30	blanco
	Kenneth Michael Duckett 26 de febrero, 1998. Ceres (condado de Sacramento): disparado por policías.	28	—
	Mike Garcîa 25 de febrero, 1998. San Francisco: disparado por policías.	28	puertorriqueño
	Naim Ayub 24 de febrero, 1999. Hayward: disparado por policías.	30	—
	Corey Glenn Goodwin 23 de febrero, 1997. Rohnert Park: causado por otro artefacto o incendio premeditado por policías.	36	—
	David Arnold 23 de febrero, 1995. San Francisco: asesinado a golpes bajo la custodia de policías o guardias.	54	—
	Hombre no identificado 2 de febrero, 1999. Mountain View: disparado por policías.	—	—

NOMBRE	EDAD	ASCENDENCIA / NACIONALIDAD
William Galen 18 de febrero, 1991. San Francisco: disparado por policías.	34	blanco
Silivelio "Tony" Groshe 17 de febrero, 1988. San Francisco: disparado por policías.	13	samoano
Salomon Arambula Hernandez 15 de febrero, 1997. Santa Rosa: disparado por policías.	28	mexicano
Flores 1996. Prisión estatal de New Folsom: causas desconocidas.	—	afroamericana
Tracy Shaman 1996. (Carcel Santa Rita) condado de Alameda: negligencia médica bajo la custodia de policías o guardias.	25	irlandés-americana
Robert Moore 1993. Prisión estatal de Calipatria: disparado.	—	blanco
Philip Bridges 1981. Oakland: disparado por policías.	—	negro
Charles Briscoe 1979. Oakland: disparado por policías.	—	negro
Jeffrey Scott 8 de diciembre, 1993. Condado de Napa: rociado con gas picante por policías.	33	latino
Donald Morell Cook 7 de diciembre, 1997. Sacramento: atropellado por un carro de policías.	64	—
Clifford Archer 7 de diciembre, 1997. San Francisco: negligencia médica por policías.	53	blanco
Michael Ray Atencio 6 de diciembre, 1997. San Jose: disparado por policías.	30	—
Steven A. Reibin 31 de diciembre, 1998. San Francisco: causas desconocidas por policías.	43	—
Roland Andrew Sorgatz 27 de diciembre, 1997. Sacramento: atropellado por un carro de policía.	49	—
John Pruitt III 26 de diciembre, 1997. Prisión estatal de High Desert: disparado.	—	blanco
Raymond E. Stoddard 26 de diciembre, 1997. Napa: disparado por policías.	31	—

	NOMBRE	EDAD	ASCENDENCIA / NACIONALIDAD
BAHÍA DE SAN FRANCISCO / NORTE DE CALIFORNIA	**Bill Earl Vaughn** 21 de diciembre, 1998. Oakland: disparado por policías.	24	—
	David King 16 de diciembre, 1995. Fort Bragg (condado de Mendocino): disparado por policías.	22	—
	Brad David Fast 1 de diciembre, 1996. Oakley: disparado por policías.	36	—
	Solano Sivano 9 de noviembre, 1997. (Bayview District) San Francisco : disparado por policías.	47	latino
	Mong Van Pham **Tho Van Pham** 9 de noviembre, 1997. Menlo Park: perseguidos hasta una situación fatal por policías.	25 27	— —
	Mujer no identificada 7 de noviembre, 1998. Carcel de Santa Rita: negligencia médica bajo la custodia de policías o guardias.	—	—
	Judith Harris 7 de noviembre, 1997. Los Gatos: apuñalada o acuchillada por policías.	49	blanca
	Jeffrey Tharp 7 de noviembre, 1997. Vallejo: disparado por policías.	49	—
	James Robert 6 de noviembre, 1998. Alameda: disparado por policías.	31	—
	Jeremy Emerseon Redd 3 de noviembre, 1994. San Jose: disparado por policías.	24	—
	Carl Harlow 28 de noviembre, 1996. Santa Clara: disparado por policías.	—	blanco
	Peter Vasques Mejía 28 de noviembre, 1988. San Jose: disparado por policías.	—	—
	Damon Lansing 26 de noviembre, 1989. Santa Rosa: disparado por policías.	24	indígena americano
	Mildred Cesardo 24 de noviembre, 1991. San Francisco: disparada por policías.	30	latina
	Aaron Kirk 23 de noviembre, 1998. Pleasant Hill: disparado por policías.	25	—

BAHÍA DE SAN FRANCISCO / NORTE DE CALIFORNIA

NOMBRE	EDAD	ASCENDENCIA / NACIONALIDAD
Dale Allen Hughes 19 de noviembre, 1997. Santa Rosa (condado de Sonoma): disparado por policías.	35	blanco
Dozell Thomas 19 de noviembre, 1995. Oakland: asesinado a golpes por policías.	—	negro
Hombre no identificado 16 de noviembre, 1998. Pittsburg: perseguido hasta una situación fatal por policías.	—	latino
Erasmo Antonio Bolanos Cortez 16 de noviembre, 1997. San Rafael: perseguido hasta una situación fatal por policías.	22	latino
Jerrold Hall 15 de noviembre, 1992. Hayward: disparado por policías.	19	negro
John Calvin Dine 14 de noviembre, 1997. Santa Cruz: disparado por policías.	41	—
Edward Sheehan 1 de noviembre, 1995. San Francisco: disparado por policías.	40	blanco
Michael Acosta 1 de noviembre, 1992. San Francisco: disparado por policías.	21	filipino
Tyrone Guyton 1 de noviembre, 1973. Emeryville: disparado por policías.	14	negro
John M. Smart, Jr. 6 de octubre, 1998. (Tenderloin District) San Francisco: disparado por policías.	40	blanco
David Hamilton 4 de octubre, 1997. San Jose: disparado por policías.	52	—
John Leroy Banks, Sr. 28 de octubre, 1997. Carcel del condado de Sonoma: negligencia médica bajo la custodia de policías o guardias.	45	—
Anthony Gilbert 24 de octubre, 1996. San Jose: disparado por Bomberos u oficiales no policíacos.	30	afroamericano
Thomas Palkowski 22 de octubre, 1996. Benicia: disparado por policías.	26	blanco
Brian Prosser 20 de octubre, 1997. Novato (condado de Marin): rociado con gas picante por policías.	39	blanco

	NOMBRE	EDAD	ASCENDENCIA / NACIONALIDAD
BAHÍA DE SAN FRANCISCO / NORTE DE CALIFORNIA	**Henry Quade** 16 de octubre, 1990. San Francisco: disparado por policías.	56	blanco
	Bradley Davis 31 de enero, 1996. Concord: disparado por policías.	40	—
	Hombre no identificado 3 de enero, 1998. Condado de Sacramento: disparado por policías.	—	—
	Isan Richard Frost 3 de enero, 1997. Santa Rosa: asesinado a golpes por policías.	33	blanco
	Dale Hearldeane Robbins 29 de enero, 1996. Santa Rosa: disparado por policías.	40	blanco
	Joel Stephens Limberg 28 de enero, 1989. San Jose (?): disparado por policías.	—	blanco
	Carlos Alberto Topete 27 de enero, 1998. Pittsburg: disparado por policías.	26	—
	Paul Edward Sánchez 26 de enero, 1998. Jamestown (condado de Tuolomne): asesinado a golpes por policías.	44	—
	Tommy Carl Valdez 21 de enero, 1998. Sacramento: disparado por policías.	29	latino
	Ronnie Caldwell, Jr. 2 de enero, 1998. Ceres (condado de Sacramento): disparado por policías.	29	—
	Derek Wallace 18 de enero, 1995. Antioch: rociado con gas picante por policías.	29	—
	Buford White 15 de enero, 1999. San Francisco: disparado por policías.	45	afroamericano
	Phuc Nguyen 1 de enero, 1999. (North Beach) San Francisco: disparado por policías.	—	vietnamita
	James Hardeman 1 de enero, 1992. Santa Clara: disparado por policías.	—	—
	Gerard Albanguibet Fecha desconocida. Alameda: disparado por policías.	—	—
	Abel Giménez Fecha desconocida. Imperial City: causas desconocidas por policías.	—	—

NOMBRE	EDAD	ASCENDENCIA / NACIONALIDAD	
Don Short Fecha desconocida. (Eureka o Crescent City) condado de Humbolt: asesinado a golpes bajo la custodia de policías o guardias.	40	indígena (Urok-Hoopa)	**BAHÍA DE SAN FRANCISCO / NORTE DE CALIFORNIA**
Hombre no identificado Enero 1998. Pueblo: disparado por policías.	—	—	**COLORADO**
Paul Frank Anstett 29 de septiembre, 1997. Condado de Boulder: disparado por policías.	25	—	
Dereke Herrera 13 de septiembre, 1997. Denver: disparado por policías.	30	—	
Hombre no identificado 12 de septiembre, 1998. Aurora: disparado por policías.	20	—	
Steven Gant 1 de septiembre, 1992. (Capitol Hill) Denver: disparado por policías.	20	—	
Luis McIntire 3 de agosto, 1997. Boulder: rociado con gas picante por policías.	20	—	
Frank Dean Rodríguez 13 de julio, 1998. Pueblo: disparado por policías.	34	—	
Bobby Ray Valdez 11 de julio, 1997. Denver: disparado por policías.	27	—	
Michael Oliver Lewis 7 de mayo, 1998. Carcel del condado de El Paso, CO: asfixiado bajo la custodia de policías o guardias.	54	—	
Charles A. Bowyer 3 de mayo, 1998. Denver: disparado por policías.	44	—	
Alex Ray Gutiérrez 20 de mayo, 1997. Denver: disparado por policías.	22	—	
Christopher Trewet 2 de mayo, 1998. Denver: disparado por policías.	17	—	
Margaret Hull 1 de mayo, 1998. Aurora: perseguida hasta una situación fatal por policías.	56	—	
James Ace Fleck 19 de abril, 1997. Denver: disparado por policías.	22	—	

	NOMBRE	EDAD	ASCENDENCIA / NACIONALIDAD
COLORADO	**Michael Bowers** 15 de abril, 1998. Condado de Greenville: disparado por policías.	—	—
	Andrew Gene Alvarez 6 de marzo, 1998. Condado de Adams: disparado por policías.	37	—
	Abel Lawrence LaCrue 29 de marzo, 1998. Sheridan: perseguido hasta una situación fatal por policías.	56	—
	Jeff Truax 20 de marzo, 1996. Denver: disparado por policías.	25	—
	Gregory Eugene Rodríguez 7 de febrero, 1998. Oeste de Denver: disparado por policías.	32	—
	Timothy Watt 1996. Lakewood: negligencia por policías.	—	—
	Benny Atencio 1995. Denver: disparado por policías.	30	—
	Leonard Zuchel 1984. Denver (Centro Comercial de la calle 16): disparado por policías.	26	—
	Manuel Moreno Delgado 22 de diciembre, 1996. Lakewood: disparado por policías.	30	salvadoreño
	Robert Daniel Murphy 31 de octubre, 1997. Suroeste de Denver: asesinado a golpes por policías.	37	—
	Tony Ray Martínez 8 de enero, 1998. Condado de El Paso: disparado por policías.	44	—
	Lance Kreps 21 de enero, 1998. (Sanford) condado de Conejos: disparado por policías.	35	—
	Eric Younger 21 de enero, 1997. Colorado Springs: disparado por policías.	52	—
	William Abeyta 18 de enero, 1995. Denver: disparado por policías.	16	—
	Ernest S. Ackler 12 de enero, 1997. Denver: disparado por policías.	44	—

NOMBRE	EDAD	ASCENDENCIA / NACIONALIDAD
John Spignesi Noviembre 1998 (?). Danielson: disparado por oficiales de custodia fuera de prisión.	—	—
Cynthia Cheatham-Hearst Abril 1997. Bridgeport: perseguida hasta una situación fatal por policías.	37	—
Bradley Bell 2 de septiembre, 1997. Hartford : rociado con gas picante por policías.	42	—
Eric "Winky" Richardson 4 de agosto, 1998. (Sección noreste) Hartford: perseguido hasta una situación fatal por policías.	32	—
Victoria Cooper 13 de julio, 1999. North Branford: disparada por policías.	41	—
Antonio Antolini 10 de mayo, 1999. Bajo Meriden: disparado por policías.	36	—
Christopher Scott 15 de abril, 1997. Noreste de Hartford: disparado por policías.	26	—
Malik Jones 14 de abril, 1997. New Haven: disparado por policías.	21	afroamericano
Aquan Salmon 13 de abril, 1999. Hartford: disparado por policías.	14	negro
Persona no identificada 22 de marzo, 1999. Hartford: disparada por policías.	—	—
Hombre no identificado 1996. Jewett City: disparado por policías o jefes de policías.	—	—
Franklyn Reid 29 de diciembre, 1998. New Milford: disparado por policías.	27	negro
Joseph W. Parsons 27 de diciembre, 1998. Lisbon: disparado por policías.	45	—
Yusef Kareem Gause 11 de noviembre, 1997. New Haven: disparado por policías.	22	negro

	NOMBRE	EDAD	ASCENDENCIA / NACIONALIDAD
FLORIDA	**Mariam Burgdorf** Septiembre 1993. Miami: causas desconocidas por policías.	—	—
	Anthony Gerald Stubb Septiembre 1992 (?). Condado de Dade: disparado por policías.	29	negro
	Jorge Luis Morales Mayo 1994. Allapattah (Miami): disparado por policías.	43	—
	Joseph Ingrassi Marzo 1995. Carcel Land O'Lakes: negligencia médica bajo la custodia de policías o guardias.	36	—
	Hombre no identificado Julio 1997. Condado de Dade: disparado por policías.	—	—
	Hombre no identificado Julio 1996. Tampa: perseguido hasta una situación fatal por policías.	26	—
	Gustavaus Jody Francis Julio 1994. Riviera Beach: disparado por policías.	22	—
	Hombre no identificado Febrero 1996. Tampa: perseguido hasta una situación fatal por policías.	21	—
	Heinz Baer	—	alemán
	Markus Rossknecht Diciembre 1995. (West Shore y Gandy Blvd.'s) Tampa: perseguidos hasta una situación fatal por policías.	—	alemán
	Andrew Robert Tolmie Diciembre 1994. Largo: disparado por policías.	23	—
	Mario Hernández Deciembre 24 o 25, 1993. Condado de Palm Beach: atropellado por un carro de policía.	37	—
	John A. Edwards Agosto 1997. Ft. Meyers (Instituto correccional Charlotte): asesinado a golpes.	28	—
	Ted Leggett Agosto 25, 1998 (?). Middleburg: perseguido hasta una situación fatal por policías.	19	—
	Joven no identificado Abril 1996. Tampa: perseguido hasta una situación fatal por policías.	14	—
	Arlix Fuentes 9 de septiembre, 1994. Oeste de Miami: disparado por policías.	36	—

NOMBRE	EDAD	ASCENDENCIA / NACIONALIDAD	
Michael Gottlieb 9 de septiembre, 1991. Pompano Beach: disparado por policías.	38	—	FLORIDA
Adolecente no identificado 7 de septiembre, 1983. Opa-Locka: disparado por policías.	joven	—	
Roy Maurice Heaton 5 de septiembre, 1993. Plantation: disparado por policías.	32	—	
Gerald Houser 30 de septiembre, 1997. (Ensley) condado de Escambia: disparado por policías.	36	—	
Hombre no identificado 3 de septiembre, 1998. Sur de Dade: disparado por policías.	—	—	
Frank Birch 18 de septiembre, 1997. St. Petersburg: disparado por policías.	28	—	
Brad Moffett 10 de septiembre, 1991. Cooper City: disparado por policías.	34	—	
Fermín Alameda 9 de agosto, 1992. Wynwood: asesinado a golpes por policías.	63	puertorriqueño	
Dennis Michael Leach 8 de agosto, 1998. Davie: disparado por policías.	37	—	
Yvon Guerrier 5 de agosto, 1994. Delray Beach: disparado por policías.	42	haitiano	
Augusto Meléndez 30 de agosto, 1997. Miami: disparado por policías.	42	dominicano	
Niño no identificad 22 de agosto, 1998. Miami: perseguido hasta una situación fatal por policías.	12	—	
Roger Sanford 21 de agosto, 1991. Deerfield Beach: disparado bajo la custodia de policías o guardias.	—	—	
Steven B. Collins 12 de agosto, 1998. (Federal Thomas Peter Stav) Fort Lauderdale: perseguido hasta una situación fatal por policías.	34	—	
Heriberto Valentín 10 de agosto, 1997. Condado de Orange: disparado por policías.	32	—	

	NOMBRE	EDAD	ASCENDENCIA / NACIONALIDAD
FLORIDA	**Michael Swimmer** 1 de agosto, 1998. Condado de Orange: disparado por policías.	27	—
	Alan Singletary 9 de julio, 1998. Geneva: disparado por policías.	43	—
	Billy George 8 de julio, 1997. Oeste de Dade: disparado por policías.	30	blanco
	William Carboni 6 de julio, 1998. (Jupiter) condado de Palm Beach: perseguido hasta una situación fatal por policías.	41	—
	Avonchalene Keisha Liptrot 6 de julio, 1998. (Jupiter) condado de Palm Beach: perseguido hasta una situación fatal por policías.	24	—
	Shelton Wilson 5 de julio, 1992. (Little River) Miami: disparado por policías.	18	negro
	Mujer no identificada 24 de julio, 1991. Margate: disparada por policías.	—	—
	Ricardo Ponce 22 de julio, 1997. Miami: disparado por policías.	37	—
	Vincent Harris 21 de julio, 1998. Pompano Beach: disparado por policías.	29	—
	Torrey Davon Jacobs 18 de julio, 1995. Coconut Grove: disparado por policías.	17	afroamericano
	Frank Valdez 17 de julio, 1999. (Death Row) Prisión estatal de Florida: asesinado a golpes.	36	—
	Angel Arsenio Arencibia **José Manuel Díaz** **Fred Lawrence Murray** 17 de julio, 1990. Deerfield Beach: disparados por policías.	32 33 29	— — —
	Carl Williams 15 de julio, 1998. Miami (Liberty City): disparado por policías.	29	afroamericano
	Julio Mirabal 1 de julio, 1997. Hialeah: disparado por policías.	43	—
	Mark Rivera 9 de junio, 1995. Miami: disparado por policías.	28	puertorriqueño

NOMBRE	EDAD	ASCENDENCIA / NACIONALIDAD
Fealex Black 4 de junio, 1997. Kissimmee: disparado por policías.	24	—
Hombre no identificado 30 de junio, 1993. Miami Beach: disparado por policías.	50	—
Hombre no identificado 30 de junio, 1993. CondadoDade: causas desconocidas por policías.	64	—
Joey Summerlin 3 de junio, 1998. Clewiston: disparado por policías.	28	—
Reginald Lively 29 de junio, 1991. Davie: disparado por policías.	26	—
Steve Earl Kerr 27 de junio, 1998. (Deland) condado de Volusia: atropellado por un carro de policía.	25	—
Chester Arthur Weldon 27 de junio, 1998. New Port Richey: atropellado por un carro de policía.	79	—
Luis Espinosa Sánchez 24 de junio, 1995. Norte del condado de Dade: disparado por policías.	26	puertorriqueño
Dos personas no identificadas 23 de junio, 1998. Homestead: disparados por policías.	—	—
Michael St. George 23 de junio, 1997. Tarpon Springs: disparado por policías.	17	—
Jorge H. Febles, Jr. 20 de junio, 1997. Allapattah (Miami): asesinado a golpes por policías.	46	—
Michael Welsh 2 de junio, 1997. Condado de Orange: disparado por policías.	—	—
Lawrence "Bo Pete" Johnson 16 de junio, 1993. Miami: disparado por policías.	17	afroamericano
Rickie Allen Austin 14 de junio, 1998. Jacksonville: disparado por policías.	20	—
Edwin Mason 13 de junio, 1997. Jacksonville: disparado por policías.	—	—
Billy Jo Sizemore 11 de junio, 1990. Oeste de Lantana: disparado por policías.	20	—

	NOMBRE	EDAD	ASCENDENCIA / NACIONALIDAD
FLORIDA	**Josue Mesidor** 1 de junio, 1993. Condado de Dade: negligencia médica bajo la custodia de policías o guardias.	—	haitiano
	Vandarell Leon Randall 7 de mayo, 1997. Fort Lauderdale: disparado por policías.	19	negro
	James Rowlett 5 de mayo, 1998. St. Petersburg: disparado por policías.	43	blanco
	Donnie Alexander 27 de mayo, 1996. Riveria Beach: disparado por policías.	41	—
	Thomas Scheel 19 de mayo, 1998. Miami: disparado por policías.	33	blanco
	Hombre no identificado 16 de mayo, 1998. Clearwater: causas desconocidas por policías.	40	—
	Lonnie Causseaux 16 de mayo, 1997. Tallahassee: disparado por policías.	71	—
	Jerry Campbell 14 de mayo, 1998. Pensacola: disparado por policías.	29	—
	Mujer no identificada **Egberto Vásquez** **Steve Vásquez** 10 de mayo, 1994. Norte del condado de Dade: disparados por policías.	— 48 23	— — —
	Corey "GLow" Footman 8 de abril, 1997. Miami: perseguido hasta una situación fatal por policías.	19	afroamericano
	Jerónimo Bonilla 6 de abril, 1993. Homestead: disparado por policías.	19	—
	Homer Davis, Jr. 6 de abril, 1991. Pompano Beach: disparado por policías.	—	—
	Gilberto Mejía-Leyua 5 de abril, 1998. Tampa: perseguido hasta una situación fatal por policías.	41	cubano
	Alfonso Watson 3 de abril, 1998. Este de Tampa: perseguido hasta una situación fatal por policías.	31	—
	Felix Pusey 23 de abril, 1997. Delray Beach: perseguido hasta una situación fatal por policías.	13	—

NOMBRE	EDAD	ASCENDENCIA / NACIONALIDAD
Peter Allende 22 de abril, 1998. Orlando: causas desconocidas bajo la custodia de policías o guardias.	48	—
Charles Knight 22 de abril, 1993. Miami Beach: disparado por policías.	38	—
Hombre no identificado 20 de abril, 1997. Jacksonville: disparado por policías.	—	—
Jonathan Storker 20 de abril, 1996. (Largo) condado de Pinellas: disparado por policías.	24	—
Brian Wilson 19 de abril, 1998. Daytona Beach: disparado por policías.	28	negro
Lhach Scholes (aka Lawrence John Andrew) 19 de abril, 1998. Daytona Beach: disparado por policías.	30	—
Diego Argáez 17 de abril, 1997. Miami Beach: disparado por policías.	21	—
William "Billy" Collins 15 de abril, 1997. Deerfield Beach: disparado por policías.	43	—
Hombre no identificado 14 de abril, 1998. (Tradwinds Park) Coconut Creek: perseguido hasta una situación fatal por policías.	16-20	negro
Dennis Howard Palmer 12 de abril, 1998. Pompano Beach: perseguido hasta una situación fatal por policías.	55	—
Diane Nelson 8 de marzo, 1994. Pinellas Park (encarcelada): negligencia médica bajo la custodia de policías o guardias.	—	—
Alvin Barroso 7 de marzo, 1994. Coral Gables: disparado por policías.	23	—
Daniel B. Sagers 5 de marzo, 1997. Carcel del condado de Osceola: asesinado a golpes bajo la custodia de policías o guardias.	37	—
Eddie Pepin 30 de marzo, 1997. (Juzgado de Lee Road y North Orange Blossom) condado de Orange: perseguido hasta una situación fatal por policías.	49	—

	NOMBRE	EDAD	ASCENDENCIA / NACIONALIDAD
FLORIDA	**Joseph Bryant** 30 de marzo, 1997. (Juzgado de Lee Road y North Orange Blossom) condado de Orange: perseguido hasta una situación fatal por policías.	16	—
	Nathan Andrew Kerr 30 de marzo, 1997. (Sanford) condado de Seminole: disparado por policías.	27	—
	Juan Carlos Cortés 3 de marzo, 1997.(Base aérea McDill) Tampa: disparado por policías.	31	—
	Lionel Bost 28 de marzo, 1998. Jacksonville: perseguido hasta una situación fatal por policías.	18	—
	Lance Adams 27 de marzo, 1998.(I-95) Boca Raton: perseguido hasta una situación fatal por policías.	50	—
	Imar Rivera 25 de marzo, 1998. Ocean Ridge: perseguido hasta una situación fatal por policías.	1	—
	James Donald Parker II 24 de marzo, 1998. (Brandon) condado de Hillsborough: disparado por policías.	—	—
	Jesse Runnels 23 de marzo, 1999. Miami: disparado por policías.	25	blanco
	Christian Pierre 21 de marzo, 1998. Homestead: disparado por policías.	41	haitiano
	Hung Xuan Cao 14 de marzo, 1998. Tampa: disparado por policías.	31	—
	Jair Salazar 13 de marzo, 1998. Delray Beach (Duncan Center): disparado por policías.	27	—
	Vernon Deon Huewitt 6 de febrero, 1997. Fort Pierce: disparado por policías.	19	—
	Arlene Adams 28 de febrero, 1995. Miami: disparada por policías.	33	—
	John Tabor 27 de febrero, 1998. Cocoa: estrangulado por policías.	36	—
	Pal Krasniqi 27 de febrero, 1998. Orlando: disparado por policías.	71	—

NOMBRE	EDAD	ASCENDENCIA / NACIONALIDAD	
Alicia Lewis 26 de febrero, 1998. Miami: negligencia médica bajo la custodia de policías o guardias.	35	—	FLORIDA
Carl James Lowery 24 de febrero, 1998. Sur de Dade: asfixiado por policías.	21	afroamericano	
Anthony Harrell 23 de febrero, 1992. Oeste de Palm Beach: disparado por policías.	34	—	
William Dawson 22 de febrero, 1993. Lake Park: disparado por policías.	—	—	
Brenda Forester 21 de febrero, 1991. Norte del condado de Dade: disparada por policías.	33	—	
Michael Andrew Gregg 2 de febrero, 1998. Orlando: disparado por policías.	29	—	
Kenin Sherrod Bailey 15 de febrero, 1999. Miramar: disparado por policías.	26	—	
Gregory Max Jemison 15 de febrero, 1996. Deerfield Beach: disparado por policías.	38	—	
Hombre no identificado 15 de febrero, 1993. North Dade: disparado por policías.	—	—	
James "Jimmy" Perloff, Jr. 14 de febrero, 1990. Boynton Beach: disparado por policías.	—	—	
Samuel Aaron Studley 13 de febrero, 1998. (Brandon) condado de Hillsborough: disparado por policías.	20	—	
Huberta Matthews 13 de febrero, 1990. North Palm Beach: disparada por guardabosques.	33	—	
Zabian J. Anthony **Erico Christopher Logan** 12 de febrero, 1998. Jacksonville: perseguidos hasta una situación fatal por policías.	16 16	— —	
Mark Anthony Longo 12 de febrero, 1996. Riveria Beach: disparado por policías.	37	—	
James Byrd 10 de febrero, 1998. Sarasota: disparado por policías.	74	—	

	NOMBRE	EDAD	ASCENDENCIA / NACIONALIDAD
FLORIDA	**Andrew Morello** 1 de febrero, 1992. Miami: disparado por policías.	16	Italiano-americano
	Dos personas no indentificadas 1995. (I-395) sur de Florida: disparadas por policías.	—	—
	María Enriqueta Quintero 1993. (I-4) Hillsborough: perseguida hasta una situación fatal por policías o jefes de policías.	—	mexicano
	Dos jovenes no identificados 1992. Tampa: perseguidos hasta una situación fatal por policías.	1	—
	Teresa Mae McAbee 1987. condado de Lake: asfixiada por policías.	11	—
	Gustavo Molina 7 de diciembre, 1998. Miami: disparado por policías.	25	—
	Matthew Herbert Mills 6 de diciembre, 1996. Tampa: disparado por policías.	34	—
	Osiris E. Galán 31 de diciembre, 1995. Miami: disparado por policías.	33	—
	Anderson Tate 3 de diciembre, 1996. Fort Pierce: negligencia médica bajo la custodia de policías o guardias.	—	afroamericano
	Kevin Pruiksma 29 de diciembre, 1996. Palm Beach: negligencia médica por policías.	27	—
	Lyndon Stark 18 de diciembre, 1996. King's Point rociado con gas picante por policías.	48	—
	Leonardo Mercado 16 de diciembre, 1988. Miami: asesinado a golpes por policías.	—	puertorriqueño
	John Armstrong 12 de diciembre, 1997. Orlando: disparado por policías.	39	afroamericano
	Howard Bryan 8 de noviembre, 1997. sur de Dade: causas desconocidas bajo la custodia de policías o guardias.	30	—
	Derrick Wiltshire **Antonio Young** 7 de noviembre, 1995. Miami: disparados por policías.	20 20	afroamericano afroamericano

NOMBRE	EDAD	ASCENDENCIA / NACIONALIDAD
Gary Chassagne 5 de noviembre, 1995. Miramar: disparado por policías.	40	—
Michael Roundtree 29 de noviembre, 1997. Jacksonville: disparado por policías.	17	—
Hombre no identificado 29 de noviembre, 1994. Aeropuerto internacional de Miami: disparado por policías.	—	—
Robert Jewett 24 de noviembre, 1990. Oeste de Palm Beach: asesinado a golpes por policías.	34	—
Jorge Pérez, Jr. 23 de noviembre, 1998. Condado de Dade, Miami: disparado por policías.	53	—
Hombre no identificado 20 de noviembre, 1998. Norte de Miami Beach: disparado por policías.	—	—
Catalino (Nick) Sang 2 de noviembre, 1995. Miami Beach: disparado por policías.	42	dominicano-chino
Michael Miguel 18 de noviembre, 1990. Oeste de Miami: disparado por policías.	33	—
Richard Guarine 16 de noviembre, 1990. Oeste de Boynton Beach: disparado por policías.	34	—
Joseph Mule 4 de octubre, 1998. Hillsborough: disparado por policías.	37	—
Ronald James Turner 4 de octubre, 1996. (Wilton Manors) condado de Broward: disparado por policías.	26	—
Fernando Louis 31 de octubre, 1997. Miami: disparado por policías.	22	haitiano
Hombre no identificado 30 de octubre, 1995. Miami Beach: disparado por policías.	—	—
Frank A. Seedarnee 26 de octubre, 1993. Plantation: disparado por policías.	54	—
Dos hombres no identificados 25 de octubre, 1990. Noroeste del condado de Dade: disparados por policías.	—	—
Tyron Lewis 24 de octubre, 1996. St. Petersburg: disparado por policías.	18	afroamericano

	NOMBRE	EDAD	ASCENDENCIA / NACIONALIDAD
FLORIDA	**Kevin Lawler** 20 de octubre, 1995. Liberty City: disparado por policías.	17	—
	Joseph Kevin McGrotha 19 de octubre, 1997. Jacksonville: disparado por policías.	27	—
	Christopher DeBerry 18 de octubre, 1997. Condado de Broward: perseguido hasta una situación fatal por policías.	23	—
	Mary Stackton Creamer 18 de octubre, 1993. Condado de Pinellas: perseguida hasta una situación fatal por policías.	—	—
	George Ellefsen 16 de octubre, 1990. Pembroke Pines: disparado por policías.	31	—
	José Torres 15 de octubre, 1998. Miami: disparado por policías.	77	—
	Mark Samuel Chong 13 de octubre, 1997. Hollywood: disparado por policías.	38	—
	Andrew Buday 11 de octubre, 1997. Hollywood: disparado por policías.	—	—
	Marcillus Miller 1 de octubre, 1993. Fort Lauderdale: disparado por policías.	45	—
	Michael Manigoult 9 de enero, 1999. (condado de Dade) Miami (en o cerca de Homestead): disparado por policías.	35	—
	Shirley junio Ansley 7 de enero, 1998. Jacksonville: disparada por policías.	56	—
	Hombre no identificado 7 de enero, 1997. Norte de Tampa: disparado por policías.	30	—
	Mark Stephen Bailey 5 de enero, 1999. Carcel del condado de Escambia: causas desconocidas bajo la custodia de policías o guardias.	39	—
	Richard Bisaccio 4 de enero, 1997. (Boca Greens) condado de Palm Beach: disparado por policías.	38	—
	Robert "Nutty" Blackledge 30 de enero, 1991. Plantation: disparado por policías.	—	—

NOMBRE	EDAD	ASCENDENCIA / NACIONALIDAD
Kathy Kirby 3 de enero, 1998. Lady Lake: disparada por policías.	42	—
Roberto Rivera-Román 3 de enero, 1997. Auburndale: disparado por policías.	30	—
Samuel Cooper, Jr. 26 de enero, 1998. Miami: disparado por policías.	45	afroamericano
Hombre no identificado 24 de enero, 1999. Fort Lauderdale: disparado por policías.	—	—
Hombre no identificado 23 de enero, 1999. Condado de Dade norte de Miami: disparado por policías.	—	—
Kiandre Graner 21 de enero, 1994. Oeste de Palm Beach: disparado por policías.	17	—
Robert Barry 20 de enero, 1993. Pompano Beach: atropellado por un carro de policía.	23	—
Eduardo Estuardo García 20 de enero, 1990. Sur del condado de Dade: disparado por policías.	23	guatemalteco
Jimmy Sanford 18 de enero, 1999. (Washington Park) Lauderdale Lakes: disparado por policías.	20	—
Persona no identificada 18 de enero, 1998. North Dade: disparada por policías.	19	—
Allan Blanchard Clement Lloyd 16 de enero, 1989. (Overtown) Miami: disparados por policías.	24 23	Islas Virgenes (St. Croix) negro
Pertti Huhtala 14 de enero, 1997. Lake Worth: negligencia médica bajo la custodia de policías o guardias.	50	—
James Steidley 12 de enero, 1992. Oeste de Palm Beach: disparado por policías.	45	—
Armando Junco 10 de enero, 1995. Miami: disparado por policías.	62	—
Fernando Esteban 1 de enero, 1997. Sur de Dade: disparado por policías.	18	—
Theopholus Adebisi 1 de enero, 1996. Centro de detención de Krome: negligencia médica.	—	nigeriano

	NOMBRE	EDAD	ASCENDENCIA / NACIONALIDAD
FLORIDA	**Wieslaw Skowronek** Fecha desconocida. Clearwater (bajo custodia): asesinado a golpes bajo la custodia de policías o guardias.	—	—
GEORGIA	**Herman Eugene Dyer** Diciembre 1990. Condado de Towns: asesinado a golpes por policías.	41	—
	Reginald Roberts Agosto 1994. Warner Robins: asesinado a golpes por policías.	—	—
	Edwin Wingo 4 de septiembre, 1997. Atlanta: disparado bajo la custodia de policías o guardias.	39	—
	Mujer no identificada 23 de septiembre, 1990. Atlanta: disparada por policías.	—	negra
	Willie James Williams 2 de septiembre, 1998. Valdosta: asesinado a golpes bajo la custodia de policías o guardias.	—	negro
	Randall W. Castleberry 11 de septiembre, 1992. Avondale Estates: estrangulado por policías.	—	negro
	James McCrary 27 de agosto, 1990. College Park: perseguido hasta una situación fatal por policías.	15	—
	Hombre no identificado 24 de agosto, 1991. Atlanta: causas desconocidas bajo la custodia de policías o guardias.	33	—
	Marquez Hayes 22 de agosto, 1997. Atlanta: atropellado por un carro de policías.	4	negro
	Hombre no identificado 10 de agosto, 1997. Atlanta: disparado por policías.	21	—
	William "Wade" Wallace 31 de julio, 1995. Cumming: asesinado a golpes por policías.	47	—
	Edward James Wolfertz 28 de julio, 1997. Marietta: rociado con gas picante por policías.	32	—
	Ronald Gordon 26 de julio, 1993. Atlanta: disparado por policías.	24	negro

GEORGIA

NOMBRE	EDAD	ASCENDENCIA / NACIONALIDAD
Eric William Irby 19 de julio, 1997. Athens (bajo custodia): asfixiado bajo la custodia de policías o guardias.	25	—
Terry Smith 18 de julio, 1997. Lithonia: disparado por policías.	26	—
Marco Antonio Oliveras 28 de junio, 1994. Norcross: disparado por policías.	29	latino
Darryl Hobbs 23 de junio, 1996. Atlanta: rociado con gas picante por policías.	35	—
Adam Jenkins 10 de junio, 1997. (en Ga. 5) Holly Springs: perseguido hasta una situación fatal por policías.	11	—
Hombre no identificado 8 de mayo, 1991. Atlanta: causas desconocidas por policías.	30	—
David Russell McAfee 11 de mayo, 1998. Marietta: disparado por policías.	37	—
Greg Purvis 26 de marzo, 1994. Atlanta: disparado por policías.	33	—
Charles Bonner 17 de marzo, 1991. Atlanta: causas desconocidas por policías.	26	—
Henry Lee "Lemon" Cole 13 de marzo, 1992. Albany: asfixiado bajo la custodia de policías o guardias.	35	negro
Vincent Turner 12 de marzo, 1991. Condado de Morgan: disparado por policías.	15	negro
John Robert Vogelle 9 de febrero, 1998. Condado de Douglas: disparado por policías.	35	—
Larry Hartstein 22 de febrero, 1998. Norcross: causas desconocidas bajo la custodia de policías o guardias.	28	—
Alfaigo Terrell Davis 21 de febrero, 1998. Augusta: disparado por policías.	29	negro
Edward Cabreja 21 de febrero, 1998. Norcross: causas desconocidas bajo la custodia de policías o guardias.	28	—

	NOMBRE	EDAD	ASCENDENCIA / NACIONALIDAD
GEORGIA	**Hombre no identificado** 12 de febrero, 1997. (en I-75) Jackson: disparado por policías.	25-35	—
	Jerry Jackson 7 de diciembre, 1995. Atlanta: disparado por policías.	23	negro
	Kevin Fee 25 de diciembre, 1991. Atlanta: negligencia médica bajo la custodia de policías o guardias.	—	—
	Timothy Reed 21 de diciembre, 1997. Condado de Cherokee: disparado por policías.	31	—
	Hombre no identificado 11 de diciembre, 1997. Condado de Dekalb: disparado por policías.	—	—
	John Albert Jackson 28 de noviembre, 1997. Douglasville: disparado por policías.	27	negro
	Joseph Tallent 20 de noviembre, 1996. Norcross: disparado por policías.	21	blanco
	Ronnie Martin 14 de noviembre, 1990. Macon: disparado por policías.	—	negro
	Clarence Lyons 9 de octubre, 1997. Suroeste de Atlanta: disparado por policías.	21	—
	Larry Gene Harrell 27 de octubre, 1990. Condado de Decatur: disparado por policías.	—	—
	Gerald Wayne Daniels 24 de octubre, 1993. College Park: disparado por policías.	25	—
	Hombre no identificado 22 de octubre, 1998. Newnan: disparado por policías.	—	—
	Hombre no identificado 21 de octubre, 1997. Cerca de Byron: perseguido hasta una situación fatal por oficiales de custodia fuera de prisión.	—	—
	Steven Oliver 17 de octubre, 1997. Forest Park: disparado por policías.	17	blanco
	Nathaniel Hutchinson 15 de octubre, 1997. Douglas: disparado por policías.	39	—
	Edward Wright 10 de octubre, 1995. Athens: disparado por policías.	20	negro

NOMBRE	EDAD	ASCENDENCIA / NACIONALIDAD	
Alex Davis 7 de enero, 1991. Atlanta: causas desconocidas bajo la custodia de policías o guardias.	38	negro	GEORGIA
Mujer no identificada 30 de enero, 1997. Condado de Clayton: disparada por policías.	30	—	
John Sinapati 1 de septiembre, 1994. Honolulu: disparado por policías.	30	—	HAWAI
Hombre no identificado 30 de agosto, 1995. (Mililani) Oahu: disparado por policías.	14	blanco	
Jared Fe Benito 7 de junio, 1996. Pearl City: disparado por policías.	16	filipino	
Jon Webster Pavao 10 de junio, 1998. Pahoa: disparado por policías.	38	indígena hawaiano	
Fortunato "Junior" Barques III 5 de mayo, 1998. Haleiwa: disparado por policías.	37	filipino	
Miguel A. Vierra 19 de mayo, 1997. Hilo: disparado por policías.	29	salvadoreño	
Antonio Revera 22 de abril, 1998. (Centro correcciónal Oahu) Honolulu: asesinado a golpes.	26	—	
John Miranda 6 de febrero, 1996. Honolulu: disparado por policías.	28	indígena americano	
Jabe LaCorte 19 de diciembre, 1995. Waikiki: disparado por policías.	22	blanco	
Rodney "Banks" Laulusa 22 de enero, 1998. Viviendas de Palolo Valley) Honolulu: disparado por policías.	30	samoano	
Benedict "Tiki" Manupule 1 de enero, 1998. (Viviendas de Mayor Wright) Honolulu: disparado por policías.	18	tongano	
Benjamin Sotelho 1 de enero, 1998. Kapaa: atropellado por un carro de policías.	56	filipino	

	NOMBRE	EDAD	ASCENDENCIA / NACIONALIDAD
IDAHO	Craig Brodrick	30	—
	Doug Brodrick 20 de septiembre, 1997. Boise: disparados por policías.	27	—
	James "Justin" Atkinson 31 de agosto, 1997. Bajo Boise: disparado por policías.	21	—
	David Zepeda 29 de agosto, 1998. Bonners Ferry: perseguido hasta una situación fatal por policías.	19	—
	Vicki Weaver 22 de agosto, 1992. Ruby Ridge: disparada por agentes federales.	43	blanco
	Sammy Weaver 21 de agosto, 1992. Ferry Bonners: disparado por agentes federales.	14	blanco
	Mario Louis Jaramillo 24 de junio, 1996. Bajo Boise: disparado por policías.	20	—
	Ramón Aseguinolaza 11 de abril, 1997. Boise: disparado por policías.	26	español
	Hombre no identificado 28 de diciembre, 1995. Condado de Lewiston: disparado por policías.	—	—
	Ryan Hennessey 6 de noviembre, 1996. Sureste de Boise: disparado por policías.	20	—
	Scott James Moody 22 de noviembre, 1996. Boise: disparado por policías.	28	—
	Lome Edward Stevenson 26 de enero, 1996. Boise: disparado por policías.	—	—
CHICAGO	Christian Castaneda Summer, 1995. Chicago (cerca del Oeste y 21va calle): disparado por policías.	15-16	mexicano
	Thomas Rodríguez Mayo (?), 1992 or 1993. Chicago: disparado por policías.	18	mexicano
	Anthony Vegas Junio 1997. (Humboldt Park) Chicago: disparado por policías.	20	puertorriqueño
	Angel Paredes Abril 1996. (Humboldt Park) Chicago: asesinado a golpes por policías.	18	negro-puertorriqueño

NOMBRE	EDAD	ASCENDENCIA / NACIONALIDAD	
Guillermo Reyes 9 de septiembre, 1998. Chicago (celda de detención del distrito 25vo): causas desconocidas bajo la custodia de policías o guardias.	24	mexicano	CHICAGO
Lavell Jones 7 de septiembre, 1998. (Viviendas Robert Taylor) Chicago: disparado por policías.	22	afroamericano	
Willie Ruffin, Jr. 29 de septiembre, 1995. —: disparado por policías.	21	—	
Bilal Ashraf 24 de septiembre, 1996. —: disparado por policías.	26	afroamericano	
Leonard "Limbo" Bannister 10 de septiembre, 1989. —: disparado por policías.	24	—	
Donnell "Bo" Lucas 7 de agosto, 1992. —: asesinado a golpes por autoridades de la vivienda u otros guardias oficiales.	28	afroamericano	
José Luis Contreras 30 de agosto, 1998. Oeste de Chicago: disparado por policías.	46	latino	
Kelsey Lamont Hogan 14 de agosto, 1999. Sur Chicago: disparado por oficiales de custodia fuera de prisión.	26	afroamericano	
Gilberto Cruz 13 de agosto, 1994. Little Village: disparado por policías.	17	mexicano	
Andrew Durham 10 de agosto, 1997. Oeste de Chicago: disparado por policías.	20	negro	
Edward Ali III 6 de julio, 1998. Sureste de Chicago: disparado por policías.	33	—	
Joseph C. Gould 30 de julio, 1995. Chicago: disparado por policías.	36	afroamericano	
Stanley Jones 30 de julio, 1994. —: disparado por policías.	44	—	
Devon Nelson 12 de julio, 1999. (Apartamentos de la Reserva indígena) Harvey: disparado por policías.	19	—	
Jason Collins 10 de julio, 1994. —: disparado por policías.	16	—	

	NOMBRE	EDAD	ASCENDENCIA / NACIONALIDAD
CHICAGO	**Robert Anthony Russ** 5 de junio, 1999. Chicago (Dan Ryan Expwy, cerca de 28va calle): disparado por policías.	22	negro
	LaTanya Haggerty 4 de junio, 1999. Chicago (Dr. King y 64va calle): disparada por policías.	26	negro
	Ricky Allen 27 de junio, 1991. Hoffman Estates: disparado por policías.	37	—
	Michael Lowery 20 de junio, 1993. —: disparado por policías.	20	—
	Juan Oviedo Torres 18 de junio, 1999. Chicago (Carcel Area 5): asfixiado bajo la custodia de policías o guardias.	41	cubano-americano
	Gregory Riley 14 de junio, 1999. Sur de Chicago: estrangulado por policías.	31	negro
	Trinity Bowman 8 de mayo, 1990. —: disparada por autoridades de la vivienda u otros guardias oficiales.	—	afroamericana
	Jair P. Williams 3 de mayo, 1998. Burnham: disparado por policías.	20	—
	Stanley "Rock" Scott 22 de mayo, 1990. —: disparado por autoridades de la vivienda u otros guardias oficiales.	26	afroamericano
	Hombre no identificado 2 de mayo, 1998. Burnham: disparado por policías.	19	negro
	Latanya King 16 de mayo, 1998. Chicago: disparada por policías.	27	—
	Terrance Moses 14 de mayo, 1998. Riverdale (Suburbios de Chicago): disparado por policías.	17	afroamericano
	Eric Smith 9 de abril, 1996. —: disparado por policías.	22	afroamericano
	Michael Russell 5 de abril, 1998. Proyectos de viviendas Cabrini Green: disparado por policías.	21	afroamericano
	Joe Winfield 30 de abril, 1998. Chicago (Washington Park): disparado por policías.	27	—

NOMBRE	EDAD	ASCENDENCIA / NACIONALIDAD	
Tyrus Ellis 3 de abril, 1998. Oeste de Chicago: disparado por policías.	33	—	CHICAGO
Fred Killingsworth 25 de abril, 1991. —: asfixiado por policías.	44	—	
Ernest Hopkins 2 de abril, 1998. Chicago: disparado por policías.	27	—	
Kenny Johnson 15 de abril, 1995. —: disparado por policías.	15	afroamericano	
Gregory Beck 1 de abril, 1998. Noroeste de Chicago: disparado por policías.	17	afroamericano	
Frankie Perkins 22 de marzo, 1997. Oeste de Chicago: asfixiado por policías.	37	negro	
Marshall Levy 1 de marzo, 1990. —: asesinado a golpes por policías.	31	—	
Eugene Davison 1 de marzo, 1989. —: disparado por policías.	16	—	
Thomas Smith 27 de febrero, 1999. Sur de Chicago: disparado por policías.	39	—	
Jessie Hodges 20 de febrero, 1998. Chicago: disparado por policías.	18	afroamericano	
Chad Edwards 18 de febrero, 1998. Sur de Chicago (Chicago Lawn District): disparado por policías.	18	negro	
Darryl Edwards 18 de febrero, 1994. —: disparado por policías.	18	—	
Raynard Anthony White 12 de febrero, 1999. Proyectos de viviendas Harold Ickes: disparado por policías.	18	afroamericano	
Lavengelist "Fifo" Hightower 7 de diciembre, 1991. Proyectos de viviendas Robert Taylor: disparado por autoridades de la vivienda u otros guardias oficiales.	20	afroamericano	
Hugh Santee 31 de diciembre, 1990. —: por policías.	52	—	

	NOMBRE	EDAD	ASCENDENCIA / NACIONALIDAD
CHICAGO	Roger "Bucky" Meyers 24 de diciembre, 1994. —: disparado por policías.	44	—
	Francisco Morales 18 de diciembre, 1998. Chicago (2137 N. Leamington): disparado por policías.	24	mexicano
	Brennan King 28 de noviembre, 1998. Proyectos de vivienda Cabrini Green: disparado por policías.	21	afroamericano
	José A. Méndez Négron 23 de noviembre, 1996. Chicago: disparado por policías.	22	puertorriqueño
	Jack Brian Richman 18 de noviembre, 1997. Skokie: asfixiado por policías.	34	blanco
	Tommy Yates 5 de octubre, 1993. —: disparado por policías.	43	—
	Jorge Guillén 3 de octubre, 1995. —: asfixiado por policías.	40	hondureño
	Angel Castro, Jr. 23 de octubre, 1996. Chicago: disparado por policías.	15	puertorriqueño
	Richie Pack 16 de octubre, 1994. —: asesinado a golpes por policías.	19	—
	Christoper Keys 12 de octubre, 1993. —: disparado por policías.	21	—
	Robert Taylor 7 de enero, 1998. Chicago (bajo custodia): asesinado a golpes bajo la custodia de policías o guardias.	19	afroamericano
	Michelle Hollister 29 de enero, 1998. Chicago: atropellada por un carro de policía.	25	—
	Milos Kalabza 26 de enero, 1999. (Portage Park) Chicago: disparado por policías.	24	—
	Logan Smith 22 de enero, 1996. —: asesinado a golpes bajo la custodia de policías o guardias.	24	—
	Kevin Morris 18 de enero, 1998. Oeste de Chicago: disparado por policías.	18	—

NOMBRE	EDAD	ASCENDENCIA / NACIONALIDAD	
Leroy Reed 16 de enero, 1998. Proyectos de vivienda Cabrini Green: disparado por policías.	30	negro	CHICAGO
Bernard Solomon 13 de enero, 1997. Chicago: ahorcado bajo la custodia de policías o guardias.	19	afroamericano	ILLINOIS (AFUERAS DE CHICAGO)
Cuatro mujeres no identificadas 1996. Alorton: atropelladas por un carro de policía por policías.	—	—	
Mujer no identificada **Su hija adulta** 1996. Washington Park: atropelladas por un carro de policías.	86 —	— —	
Leland Ray Fulkerson 17 de octubre, 1995. Grayville: disparado por policías.	31	—	
Michael Taylor Septiembre 1987. Indianapolis: disparado por policías.	16	afroamericano	INDIANA
Edmund Powell Junio 1991. Indianapolis: disparado por policías.	—	negro	
Leonard R. Barnett 9 de julio, 1990. Indianapolis: disparado por policías.	—	afroamericano	
Joseph W. Love 14 de junio, 1995. "Lockup" del condado de Marion (carcel): asfixiado bajo la custodia de policías o guardias.	37	—	
Barnie Wayne Nuckels **Jesse Nuckels** 31 de marzo, 1998. Waverly (condado de Morgan): atropellado por un carro de policía por policías.	34 7	— —	
Hombre no identificado 24 de marzo, 1992. Indianapolis: disparado por policías.	—	—	
Robert Ellis 11 de febrero, 1994. Gary: disparado por policías.	31	—	
Robert Dugger 1997. En prisión: causas desconocidas.	35	—	
Joshua Christ 1997. En prisión: causas desconocidas.	17	—	
Susan Darwactor 1997. En prisión: causas desconocidas.	35	—	

	NOMBRE	EDAD	ASCENDENCIA / NACIONALIDAD
INDIANA	**David C. Hairston** 11 de diciembre, 1997. (Pike Township) condado de Marion: policía ayuda e instiga matanza por ciudadano (por ejemplo, secuestrado y/o entregado a otra persona para matar) por policías.	29	—
	Monwell T. Scaife 29 de noviembre, 1997. Indianapolis (cerca del norte): disparado por policías.	22	—
	Christopher A. Moreland 25 de octubre, 1997. Carcel del condado de St. Joseph: asesinado a golpes bajo la custodia de policías o guardias.	30	—
	Hoover Brown, Jr. 22 de octubre, 1998. Indianapolis: disparado por policías.	36	—
	Franklin G. Hornsby 16 de octubre, 1997. Carcel del condado de Floyd: negligencia médica bajo la custodia de policías o guardias.	32	—
IOWA	**Eric Shaw** 21 de agosto, 1996. Iowa City: disparado por policías.	31	blanco
	Charles Dudley, Jr. 21 de junio, 1997. Des Moines: disparado por policías.	27	—
KANSAS	**Mark Orland McKee** 22 de abril, 1998.Condado de Johnson: disparado por policías.	38	—
	Gregory Sevier 21 de abril, 1991. Lawrence: disparado por policías.	22	indígena (Creek-Choctaw)
	Hombre no identificado 27 de noviembre, 1997. Kansas City, Kansas: disparado por policías.	20	—
	Milton Foster, Jr. 29 de octubre, 1994. Bonner Springs: disparado por policías.	—	—
	John M. Pannell 27 de octubre, 1997. Kansas City, Kansas: disparado por policías.	28	—
KENTUCKY	**Hombre no identificado** 5 de septiembre, 1998. Condado de Metcalfe: disparado por policías.	41	salvadoreño
	Fidencio Campos-Cruz 13 de junio, 1998. Louisville: disparado por policías.	30	mexicano

NOMBRE	EDAD	ASCENDENCIA / NACIONALIDAD	
Jeremiah Fraley 17 de mayo, 1998. Fort Wright: perseguido hasta una situación fatal por policías.	20	—	KENTUCKY
Charles Collins 23 de marzo, 1998. Henderson: causas desconocidas bajo la custodia de policías o guardias.	37	—	
Robert Whitlow 13 de marzo, 1997. Louisville: disparado por policías.	45	—	
Howell Durwood Culver 20 de diciembre, 1997. Louisville: disparado por policías.	42	—	
Breanna Shane Noe 26 de noviembre, 1997. (Pioneer Village) condado de Bullitt: asesinada a golpes por policías.	17	—	
Adrian Reynolds 7 de enero, 1998. Carcel del condado de Jefferson: asesinado a golpes bajo la custodia de policías o guardias.	34	negro	
Persona no identificada Junio 1997. Gretna: disparada por policías.	—	—	LOUISIANA
Richard Curtis Agosto 1995. New Orleans: policía ayuda e instiga matanza por ciudadano (por ejemplo, secuestrado y/o entregado a otra persona para matar) por policías.	—	—	
Bobby Jones **Brittany Jones** **Dion James** **Edwin James** 30 de agosto, 1998. Kenner: perseguidos hasta una situación fatal por policías.	8 5 32 4	— — — —	
Cedric Harris 24 de julio, 1998. Shreveport: disparado por policías.	27	negro	
Mitchell Ceasar 23 de abril, 1994. Lower Coast Algiers: disparado por policías.	—	—	
Hombre no identificado (hermano) **Mujer no identificada (hermana)** 4 de marzo, 1995. este de New Orleans: disparados por policías.	— —	vietnamita vietnamita	
Johnnie Mae Mann 22 de marzo, 1998. New Orleans: perseguido hasta una situación fatal por policías.	73	—	

	NOMBRE	EDAD	ASCENDENCIA / NACIONALIDAD
LOUISIANA	**Adolph Archie** 22 de marzo, 1990. Bajo New Orleans: asesinado a golpes por policías.	—	afroamericano
	Edmore Green 15 de febrero, 1997. Alton: disparado por policías.	—	negro
	Joseph Brown 3 de diciembre, 1997. Gretna: disparado por policías.	40	—
	Deborah James 15 de diciembre, 1997. St. John the Baptist Parish (I-10 y US-51): atropellada por un carro de policía por policías.	—	—
	Rob Staley 11 de diciembre, 1997. New Orleans: disparado por policías.	18	—
	Patrick Hamilton **Dana Jones** 30 de noviembre, 1997. Jefferson Parish: perseguidos hasta una situación fatal por policías.	7 29	— —
	Charles Pham 30 de octubre, 1997. Jefferson Parish: perseguido hasta una situación fatal por policías.	17	—
	Kim Groves 13 de octubre, 1994. New Orleans: causas desconocidas.	—	—
	Mevin Cousin 4 de enero, 1998. Metairie: disparado por policías.	21	—
MAINE	**Dorothy Applebee** 3 de septiembre, 1997. (Ruta 172) Ellsworth: atropellada por un carro de policía por policías.	65	—
	David Foster Davis, Jr. 13 de julio, 1995. Gardiner: perseguido hasta una situación fatal por policías.	26	—
	Henry Seekamp 13 de julio, 1994. —: perseguido hasta una situación fatal por policías.	22	—
	Katherine A. Hegarty 26 de mayo, 1992. Dennistown Plantation: disparada por policías.	51	blanco
	Michelle Theriault 18 de mayo, 1997. Scarborough: perseguida hasta una situación fatal por policías.	31	—

NOMBRE	EDAD	ASCENDENCIA / NACIONALIDAD	
Sandra Chase 21 de abril, 1994. Condado de Androscoggin: atropellada por un carro de policía por policías.	54	—	MAINE
Jerzy Sidor 29 de diciembre, 1998. Monmouth: disparado por policías.	43	—	
Joshua Williams 11 de octubre, 1997. Cerca de Standish: perseguido hasta una situación fatal por policías.	18	—	
Phyllis Ham Richard Ham 11 de octubre, 1997. Cerca de Standish: perseguidos hasta una situación fatal por policías.	58 58	— —	
Ronald Wilson Septiembre 1997. Port Deposit: disparado por policías.	32	blanco	MARYLAND
Hombre no identificado Febrero 1998. Lochearn: causas desconocidas por policías.	—	—	
Michael Donald Reed Febrero 1995. Condado de Prince George's: disparado por policías.	32	blanco	
Tiffani Carrington Diciembre 1996. Condado de Charles: atropellada por un carro de policía por policías.	19	—	
Hombre no identificado Abril 1998. Gaithersburg: disparado por policías.	—	etíope	
Hombre no identificado 9 de septiembre, 1998. Condado de Prince George's: disparado por agentes federales.	—	—	
James Hill 7 de septiembre, 1998. Baltimore: disparado por policías.	29	—	
Cochise Ornandez Daughtry 2 de septiembre, 1996. Annapolis (Robinwood): disparado por policías.	18	negro	
James Quarles III 9 de agosto, 1997. Baltimore (Lexington Market): disparado por policías.	22	afroamericano	
Christina Hopper 31 de agosto, 1997. Laurel: disparada por policías.	31	—	

	NOMBRE	EDAD	ASCENDENCIA / NACIONALIDAD
MARYLAND	**Donovan M. Morant** 29 de agosto, 1994. Correccional Hagerstown: negligencia médica.	18	afroamericano
	Bryan Steven Howser 17 de agosto, 1998. Glen Burnie: disparado por policías.	23	—
	Lucas Fitigu 27 de julio, 1999. Beltway (cerca de la frontera entre MD-VA) (?): disparado por policías.	20-30	etíope
	Parrish Michael Spinoso 7 de junio, 1998. Centro de Detención del condado de Howard: negligencia médica bajo la custodia de policías o guardias.	22	—
	Archie "Artie" Elliott III 18 de junio, 1993. Condado de Prince George's (Forestville): disparado por policías.	24	negro
	Gary Leonard Sanford 20 de mayo, 1998. Condado de Prince George's: disparado por policías.	42	—
	Vicky Lee Austin **Jessica Elaine Morgan** 13 de abril, 1998. Condado de Harford: disparadas por policías.	30 5	— —
	Hombre no identificado 31 de marzo, 1998. Oeste de Baltimore: asesinado a golpes por policías.	34	—
	Andre Boone 21 de marzo, 1997. Columbia: disparado por policías.	23	—
	Thappanika Ang 26 de febrero, 1994. Condado de Prince George's: disparado por policías.	24	camboyano
	Daniel Edward James 18 de febrero, 1997. (Baltimore) condado de Carroll: disparado por policías.	33	—
	Mujer no identificada 1996. Baltimore: disparada por policías.		
	Kevin P. Ferguson 6 de diciembre, 1997. Glen Burnie: disparado por policías.	43	—
	Julie Mead 21 de noviembre, 1996. Laurel: disparada por policías.	16	blanca
	Frank Julius Bochnowicz 29 de octubre, 1997. Noreste de Baltimore: perseguido hasta una situación fatal por policías.	76	—

NOMBRE	EDAD	ASCENDENCIA / NACIONALIDAD	
Lucio Rodas 12 de octubre, 1997. Cerca de Hagerstown: causas desconocidas por policías.	33	salvadoreño	MARYLAND
Dwayne K. Waiters 10 de octubre, 1997. Condado de Prince George's: disparado por policías.	21	—	
Yohannis Wondim 31 de enero, 1988. Bajo Baltimore: disparado por guardias de seguridad privada.	—	etíope	
Blanche H. Baker 26 de enero, 1998. (Govans) Baltimore: disparada por policías.	50	—	
Keith Devi Hill 26 de enero, 1996. Salisbury: disparado por policías.	26	negro	
Derek McIntosh 13 de enero, 1998. Oeste de Baltimore: disparado por policías.	25	—	
Becky Garnet Fecha desconocida. Gaithersburg: disparada por policías.	18	negro	
Hector Morales Noviembre 1990. Boston (cerca de Egleston Square): disparado por policías.	19	latino	MASSACHUSETTS
Benjamin J. Schoolfield Febrero 1994. bajo Springfield: disparado por policías.	—	negro	
Reggie Regan Agosto 1997. Prisión estatal de Walpole: ahorcado.	—	—	
Hombre no identificado Agosto 1993. (?) Boston: disparado por policías.	47	—	
Hombre no identificado 5 de septiembre, 1998. (Ruta 40) Groton: perseguido hasta una situación fatal por policías.	—	—	
Hombre no identificado 12 de septiembre, 1998. Auburn (suburbio de Worcester): disparado por policías.	—	—	
Abel Remy 1 de agosto, 1997. Prisión MCI-Walpole: asesinado a golpes.	36	haitiano	
Cristino Wilfredo Hernández 16 de julio, 1993. Worcester: asesinado a golpes por policías.	38	salvadoreño	

	NOMBRE	EDAD	ASCENDENCIA / NACIONALIDAD
MASSACHUSETTS	**Robert J. Albanese** 1 de julio, 1998. (Ruta 125) Haverhill: perseguido hasta una situación fatal por policías.	47	—
	Elias J. Jabour 1 de julio, 1998. (Ruta 125) Haverhill: perseguido hasta una situación fatal por policías.	48	libanés
	Errol Williams 23 de mayo, 1998. Dorchester: disparado por policías.	32	—
	Travis Flanagan **Frank Gonsalves** 16 de mayo, 1998. Falmouth: perseguidos hasta una situación fatal por policías.	23 17	— —
	Hombre no identificado 27 de abril, 1998. New Bedford: disparado por policías.	—	—
	Royford Lewis, Jr. 22 de febrero, 1998. (Dorchester) Boston: perseguido hasta una situación fatal por policías.	21	—
	Rev. Accelyne Williams 1994. Boston: tensión stress físico o emocional por policías.	75	—
	Michael Revoredo 25 de diciembre, 1997. Fall River: disparado por policías.	26	—
	Michael Clougherty 21 de diciembre, 1997. (Dorchester) Boston: disparado por policías.	30	—
	Gary Michaels 30 de noviembre, 1997. Prisión estatal Walpole: ahorcado.	—	negro
	Clifford P. Buchanan 4 de octubre, 1997. (Ruta 53) Hanover Mall: perseguido hasta una situación fatal por policías.	49	—
	Shawn Mottram 11 de octubre, 1997. Ruta 213 (cerca de Metheun Mall): disparado por policías.	24	—
MICHIGAN	**Bernard Salazar** Septiembre 1998. Suroeste de Detroit: disparado por policías.	21	latino
	Damita Morton Septiembre 1997. (Highland Park) condado de Wayne: perseguida hasta una situación fatal por policías.	43	—

NOMBRE	EDAD	ASCENDENCIA / NACIONALIDAD	
Vickey Finklea Septiembre 1996. Detroit: disparada por policías.	41	afroamericano	MICHIGAN
Malice Green Noviembre 1992. Detroit: asesinado a golpes por policías.	—	afroamericano	
Mikey Hill Julio 1994. Detroit: disparado por policías.	1	blanco	
Rex Bell Febrero 1996. Lansing (bajo custodia): negligencia médica bajo la custodia de policías o guardias.	—	afroamericano	
Aaron Phillips Agosto 1995. Oeste de Detroit: por policías.	19	—	
Lou Ann Allaer Agosto 1995. (Eastpointe) condado de Macomb: perseguido hasta una situación fatal por policías.	41	—	
Sara Pantke 7 de septiembre, 1991. (Pontiac trial) condado de Oakland: perseguida hasta una situación fatal por policías.	20	—	
Lamar Wayne Grable 21 de septiembre, 1996. Detroit: disparado por policías.	20	negro	
Jesse Smith 18 de septiembre, 1997. (Warren) condado de Macomb: disparado por policías.	35	—	
Theodore Laroque 14 de septiembre, 1998. Detroit: disparado por policías.	28	latino	
Bobby Mitchell 9 de agosto, 1996. Ecorse: disparado por policías.	51	afroamericano	
Lou Adkins 5 de agosto, 1996. Detroit: disparado por policías.	32	—	
Charles Ledell Clay 25 de agosto, 1995. Detroit: disparado por policías.	13	afroamericano	
William Ruehle 16 de agosto, 1996. Detroit: disparado por policías.	39	—	
Cora Bell Jones 15 de agosto, 1998. Detroit: disparada por policías.	79	afroamericana	

	NOMBRE	EDAD	ASCENDENCIA / NACIONALIDAD
MICHIGAN	Wanda Katrell 1 de agosto, 1998. Detroit: atropellada por un carro de policía por policías.	39	—
	Gary Glenn 8 de julio, 1993. Detroit: disparado por policías.	—	afroamericano
	Wayne Garrison 26 de julio, 1998. Detroit: disparado por policías.	47	—
	Dalon Gunn 19 de julio, 1997. Detroit: atropellado por un carro de policía por policías.	24	afroamericano
	David Allen Dowd 6 de junio, 1998. Southgate: disparado por policías.	40	—
	Crystal Lujan 5 de junio, 1996. Ann Arbor: axfisiada bajo la custodia de policías o guardias.	—	—
	Joven de Detroit no identificado 4 de junio, 1996. Detroit: causas desconocidas por policías.	—	—
	Lee Floyd Berry 23 de junio, 1987. Detroit: disparado por policías.	26	afroamericano
	Tong Kue 18 de junio, 1998. Detroit: causas desconocidas por policías.	36	laosiano
	Mark Gaydos 10 de junio, 1998. Redford Township: disparado por policías.	37	—
	Charles Prins 8 de mayo, 1998. White Cloud: disparado por policías.	42	—
	Brian Hangsleben 6 de mayo, 1999. East Grand Forks: disparado por policías.	49	—
	Hombre no identificado 25 de mayo, 1995. Detroit: disparado por policías.	—	—
	Kurt Eugene Remmers 20 de mayo, 1996. (Clinton Township) condado de Macomb: perseguido hasta una situación fatal por policías.	21	—
	Tana Snell 15 de mayo, 1995. Detroit: disparada por policías.	29	negra
	Hombre no identificado 27 de abril, 1998. Este de Detroit: disparado por policías.	—	—

NOMBRE	EDAD	ASCENDENCIA / NACIONALIDAD	
Roy Hoskins 20 de abril, 1997. Detroit: disparado por policías.	14	afroamericano	MICHIGAN
Marcel Washington 2 de abril, 1994. Grand Rapids: disparado por policías.	20	afroamericano	
Pamala Lavern Frowner 18 de abril, 1991. Detroit: disparada por policías.	21	afroamericana	
Ronald Lee Allen, Jr. 13 de abril, 1993. Detroit: disparado por policías.	27	afroamericano	
DeShawn Wright 31 de marzo, 1990. Ypsilanti City: perseguido hasta una situación fatal por policías.	—	—	
Dante Foster 27 de marzo, 1998. Royal Oak: disparado por policías.	21	—	
Ricardo Gordy 24 de marzo, 1993. Detroit: asfixiado bajo la custodia de policías o guardias.	21	afroamericano	
Robert Villareal 15 de marzo, 1998. Detroit: disparado por policías.	29	latino	
Amir Saleh 12 de marzo, 1998. Carcel de Oak Park: negligencia médica bajo la custodia de policías o guardias.	31	etíope	
Carlos Walker 11 de marzo, 1971. Detroit: disparado por policías.	26	afroamericano	
James Anthony Thomas 7 de febrero, 1999. Detroit-Canadian Ambassador Bridge: disparado por policías.	27	—	
Darryl Paul Gates 5 de febrero, 1999. Detroit: disparado por policías.	21	—	
Janice Harrison 21 de febrero, 1999. Detroit: disparada por policías.	45	—	
Edward Swans 2 de febrero, 1996. Lansing (bajo custodia): asfixiado bajo la custodia de policías o guardias.	—	afroamericano	
Johnnie Junior Thacker 16 de febrero, 1993. Melvindale: disparado por policías.	42	—	

	NOMBRE	EDAD	ASCENDENCIA / NACIONALIDAD
MICHIGAN	**Damian Solomon** 12 de febrero, 1998. Detroit: disparado por policías.	26	afroamericano
	James Johnson 1995. Detroit: disparado por policías.	—	—
	Freddie Vela 1994. Detroit: disparado por policías.	11	chicano
	José Itturalde 1993. Detroit: disparado por policías.	—	cubano
	Jimmi Ruth Ratliff 9 de diciembre, 1997. Detroit: disparado por policías.	47	afroamericano
	Derek Womack 9 de diciembre, 1996. Condado de Macomb: por policías.	13	—
	Rahaab White 9 de diciembre, 1995. Detroit: disparado por policías.	21	afroamericano
	Demetrius Posey-Horsely 5 de diciembre, 1998. Detroit: asesinado a golpes por policías.	19	afroamericano
	Johnny Lee Henderson 29 de diciembre, 1997. Carcel del condado de Humphreys: negligencia médica bajo la custodia de policías o guardias.	22	—
	Floyd Johnson 25 de diciembre, 1993. Ann Arbor: negligencia médica bajo la custodia de policías o guardias.	—	—
	Hombre no identificado 29 de noviembre, 1995. Detroit: disparado por policías.	—	—
	James Monroe Johnson 2 de noviembre, 1993. Detroit: disparado por policías.	21	—
	Jeffrey Eggart 7 de octubre, 1997. Auburn Hills (I-75) (condado de Oakland): disparado por policías.	34	—
	Germaine Brittman 26 de octubre, 1997. Bajo Detroit (cerca del tunel Detroit-Windsor): disparado por policías.	23	—
	Hombre no identificado 18 de octubre, 1995. Detroit: disparado por policías.	—	—
	Charles Antoine Clarence Cooper 9 de enero, 1996. Detroit: disparado por policías.	20	afroamericano

NOMBRE	EDAD	ASCENDENCIA / NACIONALIDAD	
William Leon Ferguson 27 de enero, 1993. Taylor: disparado por policías.	—	—	**MICHIGAN**
Willie Cornelius Stanley 22 de enero, 1993. Detroit: disparado por policías.	39	—	
Mujer no identificada 24 de agosto, 1998. Bajo Minneapolis (Tunel Lowry Hill): perseguida hasta una situación fatal por policías.	—	—	**MINNESOTA**
Brian Feist 11 de agosto, 1996. Minneapolis: perseguido hasta una situación fatal por policías.	38	—	
Troy Senesac 30 de julio, 1998. Plymouth: perseguido hasta una situación fatal por policías.	38	—	
Michael Max Truchinski 24 de julio, 1998. Crosby: disparado por policías.	41	—	
Ronald J. Carlson 18 de julio, 1998. (Fuera de Rochester) Byron: atropellado por un carro de policía por policías.	34	—	
Jennifer Beumer **Dale Hays** 24 de mayo, 1998. (Fuera de Becker) condado de Road 53: perseguidos hasta una situación fatal por policías.	15 18	— —	
Teng Xiong 12 de mayo, 1998. St. Paul: disparado por policías.	30	—	
Thomas D. Peterson 25 de febrero, 1998. Bloomington: causas desconocidas bajo la custodia de policías o guardias.	40	—	
Thomas Kantor 1996. condado de Benton:disparado por policías.	—	—	
Niño no identificado **Mujer no identificada** 4 de diciembre, 1998. Minneapolis: atropellados por un carro de policía por policías.	6 35	— —	
Richard LeGarde 6 de noviembre, 1994. Reserva indígena Anishinabe: causas desconocidas por policías.	—	indígena (Anishinabe)	

	NOMBRE	EDAD	ASCENDENCIA / NACIONALIDAD
MINNESOTA	**Casanova Hamilton** 22 de octubre, 1998. St. Paul: perseguido hasta una situación fatal por policías.	33	—
	Gerald Lehn 21 de octubre, 1997. St. Michael: disparado por policías.	30	—
	Gary Westby 15 de octubre, 1997. Paynesville: atropellado por un carro de policía por policías.	51	—
	Artis Graham 12 de octubre, 1998. St. Paul: asesinado a golpes por policías.	35	—
MISSISSIPPI	**Bobby Everett** Febrero 1993. Carcel de la ciudad Jackson: ahorcado bajo la custodia de policías o guardias.	19	negro
	Joven no identificado Febrero 1993. Jackson (bajo custodia): ahorcado bajo la custodia de policías o guardias.	14	negro
	Johnny Griffin Abril 1990. Jackson: disparado por policías.	37	negro
	Andre Jones 22 de agosto, 1992. Simpson Carcel del condado: ahorcado bajo la custodia de policías o guardias.	—	afroamericano
	Clinton J. Byrd 6 de mayo, 1998. Long Beach: disparado por policías.	21	—
	David Scott Campbell 1990. Neshoba Carcel del condado: ahorcado bajo la custodia de policías o guardias.	—	negro
	Charanjit S. Aujla 4 de diciembre, 1998. Jackson: disparado por policías.	—	hindú (sur de Asia)
	Eddie Bassett 22 de octubre, 1997. Jackson: disparado por policías.	46	—

NOMBRE	EDAD	ASCENDENCIA / NACIONALIDAD
Kaleb Lewis Noviembre 1997. Condado de Hickory: perseguido hasta una situación fatal por policías.	11	—
Michael Tramble III	2	—
Michael Tramble, Jr.	32	—
Reginald Sublet, Jr.	12	—
Rosalind Tramble 11-14 de julio, 1998. Ballwin: causas desconocidas por policías.	33	—
Larry Turks 9 de septiembre, 1997. Dellwood (bajo custodia): asesinado a golpes bajo la custodia de policías o guardias.	—	—
Gerard Cartwright 2 de agosto, 1994. Bajo St. Louis: disparado por policías.	31	—
JNA Crawford 11 de agosto, 1998. St. Louis: disparado por policías.	22	—
Richard A. Lay 15 de junio, 1998. Condado de St. Louis: disparado por policías.	23	—
Robert Green 11 de junio, 1997. St. Louis: disparado por policías.	36	negro
Richard L. Conrad 19 de abril, 1998. Condado de Franklin: perseguido hasta una situación fatal por policías.	34	—
Tracy Patterson 11 de abril, 1998. St. Louis: atropellada por un carro de policía por policías.	22	—
Robert Rebstock 27 de marzo, 1998. St. Louis: disparado por policías.	23	—
Duane Cain 27 de marzo, 1997. Republic: disparado por policías.	—	—
Thai Pham 14 de marzo, 1998. Kansas City, Mo.: disparado por policías.	33	vietnamita
Lugine Short 12 de febrero, 1994. St. Louis: disparado por policías.	32	—
Ellen "Honey" Ross 1993-1998. Vandalia (en prisión): negligencia médica	46	—

	NOMBRE	EDAD	ASCENDENCIA / NACIONALIDAD
MISSOURI	**Jason Larrimore** 6 de diciembre, 1997. Kansas City: perseguido hasta una situación fatal por policías.	23	—
	Shawn H. Garner 3 de diciembre, 1997. Condado de St. Louis: disparado por policías.	26	—
	Paul Tinsley 25 de diciembre, 1995. St. Louis: disparado por policías.	26	—
	Ravone Thompson 1 de diciembre, 1997. St. Louis: disparado por policías.	26	—
	Timothy Wilson 9 de noviembre, 1998. Kansas City, Mo.: disparado por policías.	13	afroamericano
	William Lattin, Jr. 8 de noviembre, 1998. St. Joseph: disparado por policías.	33	—
	Hombre no identificado 10 de noviembre, 1998. St. Joseph: disparado por policías.	—	—
	Randolph Vance 20 de octubre, 1996. St. Louis: causas desconocidas por policías.	47	—
	Walter Bynum 16 de octubre, 1996. St. Louis: disparado por policías.	45	—
	Garland "Lil' Goo" Carter, Jr. 8 de enero, 1996. (Carr Squar Village) St. Louis: disparado por policías.	17	negro
	Carol A. Kerns 12 de enero, 1999. Kansas City, Mo.: disparada por policías.	37	blanca
	Persona no identificada Fecha desconocida. St. Louis Workhouse: negligencia médica	—	—
MONTANA	**Ramsey Edward Jay IV** 30 de noviembre, 1998. Anaconda: perseguido hasta una situación fatal por policías.	14	—
	Michael Kamp 14 de octubre, 1998. Kalispell: disparado por policías.	28	—

NOMBRE	EDAD	ASCENDENCIA / NACIONALIDAD	
Kirk W. Collins 3 de septiembre, 1998. (cerca de Valentine) condado de Cherry: causas desconocidas por policías.	34	—	NEBRASKA
Guadalupe Vallesillo 7 de agosto, 1997. Omaha: asfixiada por policías.	—	—	
Randy Tabler 8 de mayo, 1996. Omaha (13va y calle William): perseguido hasta una situación fatal por policías.	17	—	
Joseph Bober 8 de mayo, 1996. Omaha (13va y calle William):perseguido hasta una situación fatal por policías.	30	—	
Tracy Pollock 16 de mayo, 1998. Omaha: disparada por policías.	43	blanca	
Joan Sagendorf 1994. Omaha: perseguido hasta una situación fatal por policías.	—	—	
Kristal L. Bradshaw 25 de noviembre, 1994. Omaha (43va y calle Lake): perseguida hasta una situación fatal por policías.	24	—	
Mario Velez 3 de octubre, 1997. Alda: disparado por policías.	49	mexicano	
Arden Westcott 29 de octubre, 1986. Omaha: disparado por policías.	—	—	
Marvin Ammons 26 de octubre, 1997. Omaha: disparado por policías.	33	negro	
Charles Bush Julio 1990. Las Vegas: causas desconocidas por policías.	—	negro	NEVADA
James McClintic 20 de septiembre, 1997. Las Vegas: disparado por policías.	45	—	
Darryl Daniels 5 de agosto, 1998. Reno: causas desconocidas bajo la custodia de policías. o guardias.	30	—	
John Paiva 4 de abril, 1992. Reno: disparado por policías.	37	blanco	
Steven Schaaf 2 de abril, 1998. Carson City: disparado por oficiales de custodia fuera de prisión.	40	—	

	NOMBRE	EDAD	ASCENDENCIA / NACIONALIDAD
NEVADA	**Kaylyn Cotton-Dobie** 24 de marzo, 1999. Reno: disparada por policías.	34	—
	Laxma Reddy 19 de marzo, 1997. Elko: disparado por policías.	41	—
	Eric Payton 27 de febrero, 1998. Las Vegas: disparado por policías.	40	—
	Mike Smith 3 de diciembre, 1998. Elk: disparado por policías.	20	—
	Lonnie James 20 de octubre, 1998. Las Vegas: disparado por policías.	51	—
	Jacqueline Reich 19 de octubre, 1994. Reno (Carcel del condado de Washoe): negligencia médica bajo la custodia de policías o guardias.	40	—
NEW HAMPSHIRE	**Hombre no identificado** **Mujer no identificada** 17 de septiembre, 1998. Manchester: perseguidos hasta una situación fatal por policías.	40 40	— —
	Robert Cushing 1 de junio, 1988. Hampton: disparado por policías.	—	—
	Spencer Moon 9 de abril, 1997. Lyndeborough: disparado por policías.	16	—
	Justin Poster 16 de enero, 1997. Concord: disparado por policías.	21	—
NEW JERSEY	**Scott Tofano** Julio 1996. Ramsey: rociado con gas picante por policías.	—	—
	Samuel Lorde 3 de septiembre, 1998 Englewood: causas desconocidas por policías.	44	—
	Khary Grimes Entre septiembre 1994 y julio 1995 Jersey City: disparado por policías.	18	—
	Hombre no identificado Entre septiembre 1994 y julio 1995. Jersey City: disparado por policías.	—	—
	Jan Vida Agosto 1996. Garfield: rociada con gas picante por policías.	42	—

NOMBRE	EDAD	ASCENDENCIA / NACIONALIDAD
Carolyn "Sissy" Adams 10 de septiembre, 1996. New Brunswick: disparada por policías.	—	afroamericana
Bobby Rodriguez 19 de julio, 1995. Jersey City: disparado por policías.	24	—
Giodimuray Sulaymanov 18 de julio, 1998. Paterson: perseguido hasta una situación fatal por policías.	35	—
Maximino Cintron 16 de julio, 1991. Jersey City: disparado por policías.	23	puertorriqueño
Dannette "Strawberry" Daniels 7 de junio, 1997. Newark: disparada por policías.	31	afroamericano
Ronald Van Thomas 6 de junio, 1999. North Bergen: disparado por policías.	45	—
Stanton L. Crew 3 de junio, 1999. (I-80) Parsippany Troy Hills: disparado por policías.	31	negro
Joel Figueroa Ramos 23 de junio, 1999. (Ruta 46) Sur de Hackensack: asesinado a golpes por policías.	30	—
Armando Lopez 12 de junio, 1994. Jersey City: ahorcado bajo la custodia de policías. o guardias.	—	—
Catherine Falzarano 10 de junio, 1996. Woodbridge: disparada por policías.	42	—
Julio Tarquino 7 de mayo, 1995. Jersey City: asesinado a golpes bajo la custodia de policías o guardias.	22	boliviano
Franklin Pettiford 24 de abril, 1998. Paterson: rociado con gas picante por policías.	47	negro
Earl Faison 11 de abril, 1999. Orange: asesinado a golpes bajo la custodia de policías o guardias.	27	negro
Aamira Edwards **Darryl Elliot** 11 de abril, 1998. Newark: perseguidos hasta una situación fatal por policías.	20 21	— —
Phillip Pannell 10 de abril, 1990. Teaneck: disparado por policías.	15	negro

	NOMBRE	EDAD	ASCENDENCIA / NACIONALIDAD
NEW JERSEY	**Jennie Hightower** 27 de marzo, 1998. Trenton: disparada por policías.	14	—
	Thomas Spranger 13 de marzo, 1999. Chatham: disparado por policías.	49	—
	James Rusell Stiptek 28 de diciembre, 1998. Hackensack: asesinado a golpes por policías.	48	—
	Hombre no identificado 6 de noviembre, 1997. Princeton: disparado por policías.	20	—
	Michael Howard 25 de noviembre, 1998. Elizabeth: disparado por policías.	19	—
	Adrian Howell 24 de noviembre, 1998.(West Ward) Newark: disparado por policías.	27	—
	Damon Washington 18 de noviembre, 1998. Prisión estatal de Bayside: negligencia médica.	42	—
	Michael Byrd 30 de enero, 1997. Elizabeth: disparado por agentes federales.	21	—
	Guy Walsifer 15 de enero, 1998. Cuartel policíaco de Cedar Grove: disparado bajo la custodia de policías o guardias.	40	—
NEW MEXICO	**Jay McAllister** Marzo 1995. (600 Elk Drive) Albuquerque: disparado por policías.	25	blanco
	Tommy Martinez 9 de septiembre, 1996. (Menaul y Wyoming) Albuquerque: disparado por policías.	34	latino
	Bernard Saiz 5 de septiembre, 1993. (1200 Commerical SE) Albuquerque: disparado por policías.	23	latino
	Richard Lee Nicholds 16 de septiembre, 1995. Albuquerque (2200 cuadras de Garfield SE): disparado por policías.	41	blanco
	Jackie Gonzales 4 de agosto, 1990. (3515 suroeste de Cypress) Albuquerque: disparado por policías.	31	latino
	Carlos Lucero 30 de agosto, 1990. (4640 noroeste de 10ma) Albuquerque: disparado por policías.	46	latino

NOMBRE	EDAD	ASCENDENCIA / NACIONALIDAD	
Allen Chris Hensley 24 de agosto, 1994. Albuquerque: disparado por policías.	45	—	**NEW MEXICO**
Renee Lee Holms 18 de agosto, 1994.(I-25 y Gibson) Albuquerque: disparado por policías.	38	—	
Leo Kampa 29 de julio, 1994. (8401 noreste de Spain) Albuquerque: disparado por policías.	64	—	
Gary D. Bodiford 20 de julio, 1991. (4600 noreste) central Albuquerque: disparado por policías.	36	blanco	
Christopher McKissick 22 de mayo, 1991. (I-25 y Coal) Albuquerque: disparado por policías.	19	—	
John Sollars 21 de mayo, 1991. (149 noreste Alcazar) Albuquerque: disparado por policías.	36	—	
Russell Dean Wells 28 de marzo, 1995. (200 noreste de Española) Albuquerque: disparado por policías.	37	—	
Randy Stewart Libby 20 de marzo, 1993. (12600 noreste de Copperwood) Albuquerque: disparado por policías.	30	—	
Abelino Montoya 14 de febrero, 1998. Las Vegas, NM: disparado por policías.	18	—	
Grant Montoya 13 de febrero, 1991. (2100 noreste de Wisconsin) Albuquerque: disparado por policías.	28	latino	
Alejandro Torres 25 de diciembre, 1992. Albuquerque (3400 Este SE): disparado por policías.	50	latino	
Marshall Smith, Jr. 2 de diciembre, 1992. (I-40 puente Rio Grande) Albuquerque: disparado por policías.	20	afroamericano	
Orlando Barranca 6 de noviembre, 1995. Albuquerque (1200 Polomas SE): asfixiado bajo la custodia de policías o guardias.	—	—	
Miguel Dominguez-Flores 7 de octubre, 1993. Albuquerque: disparado por policías.	43	mexicano	

	NOMBRE	EDAD	ASCENDENCIA / NACIONALIDAD
NEW MEXICO	**Roy Hilton** 7 de octubre, 1992. (Penitenciaría del estado de New Mexico) Santa Fe: negligencia médica.	46	—
	Kevin Dale Odom 23 de octubre, 1991. Albuquerque (200 Adams NE): disparado por policías.	34	—
	Larry Harper 14 de octubre, 1995. Albuquerque (area de reposo de Elena Gallegos): disparado por policías.	33	blanco
	Manual Rameriz 12 de octubre, 1990. Albuquerque: disparado por policías.	26	latino
	David Holly 22 de enero, 1993. Albuquerque (6101 central NE): disparado por policías.	30	—
NEW YORK CITY / WESTCHESTER / LONG ISLAND	**Mary Mitchell** Noviembre 1990. Bronx: disparado por policías.	41	negro
	Dwight Oliver Mayo 1996. Long Island: disparado por policías.	33	—
	Grady Alexis Mayo 1991. (Greenwich Village) Manhattan: asesinado a golpes por policías.	26	haitiano
	Richard Luke Mayo 1989. New York City: asfixiado bajo la custodia de policías o guardias.	—	negro
	Christopher Jackson Julio 1998. (Carcel del condado de Nassau) Long Island: negligencia médica bajo la custodia de policías o guardias.	28	negro
	Lawrence Elie Febrero 1998. (Harlem) Manhattan: disparado por policías.	26	—
	Mitchell Edey Febrero 1995. (Washington Heights) Manhattan: disparado por policías.	32	—
	William J. Whitfield 25 de diciembre, 1997 (Día de navidad). Brooklyn (Canarsie): disparado por policías.	22	negro
	Joseph Gasparro 6 de septiembre, 1998. (Astoria) Queens: disparado por policías.	29	—

NOMBRE	EDAD	ASCENDENCIA / NACIONALIDAD
Yvette Marin Kessler 30 de septiembre, 1998. (taquillera central) Manhattan: asesinada a golpes bajo la custodia de policías o guardias.	36	puertorriqueña
Nicholas Heyward, Jr. 27 de septiembre, 1994. (Viendas Gowanus) Brooklyn: disparado por policías.	13	afroamericano
Joseph Stevens 18 de septiembre, 1996. Harlem: disparado por policías.	20	afroamericano
Cristian Sepulveda, Jr. 17 de septiembre, 1998. Brooklyn : disparado por policías.	26	—
María Rivas 17 de septiembre, 1995. (Washington Heights) Manhattan: disparada por policías.	25	latina
Richard Watson 1 de septiembre, 1999. (Harlem/ Washington Heights) Manhattan: disparado por policías.	32	negro
Robert Striker 9 de agosto, 1999. (Financial District) Manhattan: disparado por policías.	54	—
Luis Allende 9 de agosto, 1990. Bronx: disparado por policías.	—	latino
Hombre no identificado 6 de agosto, 1997. Oeste de Manhattan: disparado por agentes federales.	—	—
Jatrek Hewitt 5 de agosto, 1999. (New Brighton) Staten Island: disparado por policías.	17	—
Freddie Rivera 4 de agosto, 1998. Bronx: disparado por policías.	17	puertorriqueño
Alex Santos 4 de agosto, 1998. (Longwood) Bronx: disparado por policías.	23	—
Gidone "Gary" Busch 30 de agosto, 1999. (Borough Park) Brooklyn: disparado por policías.	31	judío
Ronald Johnson 28 de agosto, 1998. (Morrisania) Bronx: perseguido hasta una situación fatal por policías.	23	—
Fausto Vásquez 28 de agosto, 1995. Queens: disparado por policías.	—	latino

	NOMBRE	EDAD	ASCENDENCIA / NACIONALIDAD
NEW YORK CITY / WESTCHESTER / LONG ISLAND	**Hombre no identificado** 27 de agosto, 1999.(Melrose) Bronx: disparado por policías.	35	—
	Hombre no identificado 2 de agosto, 1999. (Massapequa) Long Island: disparado por policías.	—	—
	Annette Pérez 19 de agosto, 1995. —: disparada por policías.	—	—
	Larry Cobb 18 de agosto, 1999. (Upper East Side) Manhattan: disparado por policías.	30	negro
	John Cochran 18 de agosto, 1996. Manhattan: disparado por policías.	26	afroamericano
	Ahmed Zia 16 de agosto, 1997. (North Babylon) Long Island: disparado por policías.	19	iraní
	Angel Reyes 15 de agosto, 1999. (este de Harlem) Manhattan: disparado por policías.	47	—
	David McIntosh 13 de agosto, 1995. Queens: causas desconocidas bajo la custodia de policías o guardias.	28	—
	Bryan Stewart 10 de agosto, 1998. (Este de Meadow) condado de Nassau: disparado por policías.	24	—
	Lemiel Brand 7 de julio, 1994. —: rociado con gas picante bajo la custodia de policías o guardias.	39	—
	Dagoberto Pichardo 6 de julio, 1992. (Washington Heights) Manhattan: llevado hasta una situación fatal por policías.	—	dominicano
	Oliver Campbell 4 de julio, 1996. Brooklyn: disparado por policías.	18	—
	Emilio Eucdea **Menellio Eucdea** 4 de julio, 1996. (Sunset Park) Brooklyn: disparado por policías.	40 30	latino latino
	Nathaniel Gains 4 de julio, 1996. (Tren Subterráneo) Bronx: disparado por policías.	26	afroamericano
	José "Kiko" Garcia 4 de julio, 1992. (Washington Heights) Manhattan: disparado por policías.	—	dominicano

NOMBRE	EDAD	ASCENDENCIA / NACIONALIDAD
Christopher T. Johnson 31 de julio, 1998. Long Island (North Bellport): rociado con gas picante bajo la custodia de policías o guardias.	29	—
Paul Anthony Maxwell 31 de julio, 1998. (Hempstead) condado de Nassau: disparado por policías.	28	negro
Delano Maloney 24 de julio, 1999. (Flatbush) Brooklyn (bajo custodia): asesinado a golpes bajo la custodia de policías o guardias.	32	—
Christopher Malone 19 de julio, 1998. (Ossining) condado de Westchester: disparado por policías.	24	negro
Jose Luis Zarete 18 de julio, 1998. Bronx: disparado por policías.	22	mexicano
Antonio Orengo 17 de julio, 1997. Brooklyn (Bushwick): disparado por policías.	44	—
Kevin Thorpe 10 de julio, 1989. Brooklyn: asfixiado por policías.	31	negro
José Santos 9 de junio, 1997. (carcel) Rikers Island: ahorcado bajo la custodia de policías o guardias.	22	puertorriqueño
Hombre no identificado 6 de junio, 1997. (Sección Tremont) Bronx: disparado por policías.	30	—
Persona no identificada 30 de junio, 1996. (Morris Heights) Bronx: disparada por policías.	—	—
Carmine Capone 29 de junio, 1996. (Rockaway) Queens: disparado por policías.	25	—
Renato Mercado 28 de junio, 1999. (Upper West Side) Manhattan: disparado por policías.	63	—
Sterling Robertson 22 de junio, 1998. (Upper West Side) Manhattan: disparado por policías.	69	—
Raymond Murray 22 de junio, 1995. Queens College: disparado por policías.	20	—
Carlos García 21 de junio, 1994. Brooklyn: disparado por oficiales de custodia fuera de prisión	28	latino

	NOMBRE	EDAD	ASCENDENCIA / NACIONALIDAD
NEW YORK CITY / WESTCHESTER / LONG ISLAND	**Robert Merle** 20 de junio, 1997. (Smithtown) condado de Suffolk: disparado por policías.	56	—
	Robert Rotella 2 de junio, 1994. —: causas desconocidas bajo la custodia de policías o guardias.	34	—
	Steve Excell 19 de junio, 1996.(Jamaica) Queens: disparado por policías.	37	afroamericano
	Steven Soma 16 de junio, 1998. (Holtsville) condado de Suffolk: perseguido hasta una situación fatal por policías.	37	—
	Aswon "Keshawn" Watson 13 de junio, 1996. (East Flatbush) Brooklyn: disparado por policías.	23	afroamericano
	Hombre no identificado 12 de junio, 1997. (Harlem) Manhattan: disparado por policías.	—	—
	Gloria Ambrosovitch **Melinda Podesta** 11 de junio, 1998. (Tarrytown) Westchester: disparadas por policías.	70 40	— —
	Bliss Verdon 10 de junio, 1997. (Jackson Heights) Queens: disparado por policías.	25	—
	Persona no identificada 10 de junio, 1995. Queens: disparada por policías.	—	—
	Israel Alicia, Jr. 31 de mayo, 1994. (East New York) Brooklyn: perseguido hasta una situación fatal por policías.	35	—
	James Crawley 30 de mayo, 1998. (Kingsbridge) Bronx: disparado por policías.	52	—
	José Fuentes 29 de mayo, 1994. Bay Shore: disparado por policías.	15	puertorriqueño
	Earl Black 27 de mayo, 1992. (Flatlands) Brooklyn: disparado por policías.	42	—
	Jose Serrano 26 de mayo, 1998. (East Flatbush) Brooklyn: disparado por policías.	—	—
	Rodney Mason 25 de mayo, 1999. (Sur de Jamaica) Queens: disparado por policías.	38	—

NOMBRE	EDAD	ASCENDENCIA / NACIONALIDAD
Johnnie Cromartie 25 de mayo, 1993. New York City: asfixiado bajo la custodia de policías o guardias.	—	negro
Frank Pérez 24 de mayo, 1994. Queens: disparado por policías.	28	—
Persona no identificada 22 de mayo, 1994. Manhattan: disparada por policías.	—	—
Joseph Orlando 16 de mayo, 1995. (Bay Ridge) Brooklyn: disparado por policías.	29	—
Miguel Rodríguez 16 de mayo, 1994. —: disparado por policías.	38	puertorriqueño
Julio Núñez 13 de mayo, 1995. Bronx: disparado por policías.	32	latino
Gregory Legrier 11 de mayo, 1995. Manhattan: disparado por policías.	19	—
Maxine Cardoza 9 de abril, 1998. Brooklyn: perseguida hasta una situación fatal por policías.	61	—
Benjamin Núñez 9 de abril, 1995. Bronx: disparado por oficiales de custodia fuera de prisión	—	puertorriqueño
Kevin Cedeno 6 de abril, 1997. (Washington Heights) Manhattan: disparado por policías.	16	trinitario
Ernest Sayon 29 de abril, 1994. Staten Island: estrangulado por policías.	22	afroamericano
Roger Eppes 28 de abril, 1995. Harlem: negligencia médica por policías.	26	afroamericano
Lydia Ferraro 27 de abril, 1988. Este de Harlem: disparada por policías.	32	blanca
Federico Hurtado 26 de abril, 1998. (Queens Village) Queens: atropellado por un carro de policía por policías.	62	—
Willie Lucas 25 de abril, 1994. (East New York) Brooklyn: disparado por policías.	20	—
Sherly Colon 24 de abril, 1997. (este de Harlem) Manhattan: llevada hasta una situación fatal por policías.	33	latina

NEW YORK CITY / WESTCHESTER / LONG ISLAND

NOMBRE	EDAD	ASCENDENCIA / NACIONALIDAD
Morris Duncan 14 de abril, 1995. Manhattan: asesinado a golpes bajo la custodia de policías o guardias.	27	—
Daniel Vereline 13 de abril, 1998. Manhattan: perseguido hasta una situación fatal por policías.	36	—
Kuthurima Mwaria 13 de abril, 1995. Manhattan (Harlem): disparada por policías.	25	keniana
Michael Wayne Clark 8 de marzo, 1995. (tren subterráneo) Brooklyn: rociado con gas picante bajo la custodia de policías o guardias.	31	—
Raymond Antonio Azcona 5 de marzo, 1994. Brooklyn: disparado por policías.	30	—
Cesare Mollo 30 de marzo, 1998. (Parkchester) Bronx: disparado por policías.	—	—
Roberto Blanco 3 de marzo, 1994. —: disparado por policías.	—	—
Granson Santamaria 3 de marzo, 1993. New York City: disparado por policías.	—	—
Douglas Orfaly 3 de marzo, 1992. New York City: disparado por policías.	29	blanco
Hombre no identificado 25 de marzo, 1998. (Little Bay) Queens: perseguido hasta una situación fatal por policías.	—	—
Yong Xin Huang 24 de marzo, 1995. (Sheepshead Bay) Brooklyn: disparado por policías.	16	chino
Deonarimec Matan 23 de marzo, 1997. (Woodhaven) Queens: disparado por policías.	40	—
Donald Davidson 21 de marzo, 1997. (Sección Tremont) Bronx: disparado por policías.	48	—
Anthony Boatwright 21 de marzo, 1994. (Grand Concourse) Bronx: disparado por policías.	—	—
Bekim Ahmeti 20 de marzo, 1993. (Chelsea) Manhattan: disparado por policías.	20	—

NEW YORK CITY / WESTCHESTER / LONG ISLAND

NOMBRE	EDAD	ASCENDENCIA / NACIONALIDAD
Shante Gadson 18 de marzo, 1997. (Morris Heights) Bronx: disparado por policías.	21	—
David Cotto 1 de marzo, 1990. Brooklyn: disparado por policías.	20	—
Fred Pilataxi 9 de febrero, 1998. (Sur de Richmond Hill) Queens: disparado por policías.	20	—
Lutten Murrell 9 de febrero, 1997. Brooklyn: negligencia médica bajo la custodia de policías o guardias.	27	—
Hombre no identificado 6 de febrero, 1998. (Sur de Bronx) Bronx: disparado por guardias de seguridad privada.	—	—
Vladimir Santana 5 de febrero, 1998. (Elmhurst) Queens: disparado por policías.	19	—
Frederico Pereira 5 de febrero, 1991. Queens: estrangulado por policías.	21	puertorriqueño
Amadou Diallo 4 de febrero, 1999. Bronx (Soundview): disparado por policías.	22	guineano (oeste de Africa)
Donald Owens 28 de febrero, 1997. (East New York) Brooklyn: disparado por policías.	21	—
Steven Service 27 de febrero, 1998. Brooklyn (Bed-Stuy): disparado por policías.	20	—
Lenas Kakkouras 26 de febrero, 1993. Westchester (Mount Vernon): disparado por policías.	30	griego chipriota
Jose Antonio Sanchez 22 de febrero, 1997. (Corona) Queens: disparado por policías.	56	dominicano
James Burch 17 de febrero, 1997. (East Flatbush) Brooklyn: disparado por policías.	20	—
Clayborne Parks 10 de febrero, 1998. (Midtown) Manhattan: causas desconocidas bajo la custodia de policías o guardias.	51	—
Margaret McGivern 1 de febrero, 1998. (Jackson Heights) Queens: atropellada por un carro de policía por policías.	94	—
Lori Leitner 1 de febrero, 1997. Manhattan (Washington Heights): disparado por policías.	26	europeo-americano

	NOMBRE	EDAD	ASCENDENCIA / NACIONALIDAD
NEW YORK CITY / WESTCHESTER / LONG ISLAND	**Hector Méndez** 1988. Bronx: asesinado a golpes por policías.	47	puertorriqueño
	Mohammed Assassa 7 de diciembre, 1995. —: rociado con gas picante bajo la custodia de policías o guardias.	55	árabe
	Eric Pitt **Donald Taylor** 7 de diciembre, 1994. Queens: disparado por policías.	27 31	afroamericano afroamericano
	Christopher Wade 31 de diciembre, 1995. (Elmont) condado de Nassau: disparado por policías.	28	afroamericano
	Hector Rivera 29 de diciembre, 1991. Brooklyn: disparado por policías.	—	puertorriqueño
	Anthony King 24 de diciembre, 1996. Queens (Jamaica): disparado por policías.	44	—
	Richard Butler 23 de diciembre, 1995. Brooklyn (Bushwick): causas desconocidas bajo la custodia de policías o guardias.	40	afroamericano
	Persona no identificada 23 de diciembre, 1994. Brooklyn (Prospect Park): disparada por policías.	40	—
	Anthony Baez 22 de diciembre, 1994. Bronx: estrangulado por policías.	29	puertorriqueño
	Richard Larrier 2 de diciembre, 1994. Brooklyn: causas desconocidas por policías.	30	afroamericano
	Reginald Bannerman 19 de diciembre, 1997. Brooklyn (Crown Heights):perseguido hasta una situación fatal por policías.	35	negro
	Wen Ping Hsu 18 de diciembre, 1994. Queens (Rego Park): disparado por policías.	—	asiático
	Laakhraj Dalipram 18 de diciembre, 1994. Queens (Rego Park): disparado por policías.	31	trinitario
	Dario Diodonet 9 de noviembre, 1995. (East Harlem) Manhatten: asesinado a golpes por policías.	35	latino
	Roberto Ramírez 4 de noviembre, 1995. Brooklyn (proyectos deRed Hook): disparado por policías.	43	latino

NOMBRE	EDAD	ASCENDENCIA / NACIONALIDAD
Hector Cabot 4 de noviembre, 1993. Bronx (Fordham): disparado por policías.	41	latino
Keith Richardson 25 de noviembre, 1994. (Crown Heights) Brooklyn: disparado por policías.	34	afroamericano
Abdo Al Qotaini 25 de noviembre, 1994. (Crown Heights) Brooklyn: disparado por policías.	29	yemení
Moshe Pergament 14 de noviembre, 1997. (Long Island Expressway) Long Island: disparado por policías.	19	judío
Timothy Griggs 8 de octubre, 1995. Queens: disparado por policías.	26	—
Hombre no identificado 5 de octubre, 1997. (Morrisania) Bronx: perseguido hasta una situación fatal por policías.	20-40	—
Charles Campbell 4 de octubre, 1996. (Dobbs Ferry) Westchester: disparado por policías.	37	afroamericano
Patrick Bailey 31 de octubre, 1997. (East New York) Brooklyn: disparado por policías.	20	jamaicano
Calvin Edwards 30 de octubre, 1995. Long Island: causas desconocidas bajo la custodia de policías o guardias.	20	—
Michael Tebbs Nunn 3 de octubre, 1987. (Calle Old Fulton) Manhattan: causas desconocidas por policías.	18	blanco
Kenneth Banks 29 de octubre, 1998. (Harlem) Manhattan: asesinado a golpes por policías.	36	negro
Kevin Cerbelli 25 de octubre, 1998. (Elmhurst) Queens: disparado por policías.	30	—
Larry Shin 25 de octubre, 1994. Brooklyn: disparado por policías.	23	—
Anthony Merisier 24 de octubre, 1994. Brooklyn: disparado por policías.	25	afroamericano
Oswaldo Andrew 18 de octubre, 1997. Bronx: disparado por policías.	43	—

	NOMBRE	EDAD	ASCENDENCIA / NACIONALIDAD
NEW YORK CITY / WESTCHESTER / LONG ISLAND	**Jason Nichols** 17 de octubre, 1994. (Jamaica) Queens: disparado por oficiales de custodia fuera de prisión.	27	afroamericano
	Frank Olsen 16 de octubre, 1990. New York City: disparado por policías.	49	blanco
	Karem McDonald 15 de octubre, 1997. (Hunts Point) Bronx: disparado por policías.	20	—
	Alcadio Guerrero 13 de octubre, 1997. (Harlem) Manhattan: disparado por policías.	54	dominicano
	Abe Richardson 13 de octubre, 1995. (Lower East Side) Manhattan: disparado por policías.	22	—
	Lester Steven Yarborough 13 de octubre, 1993. (Mount Vernon) Westchester: rociado con gas picante por policías.	34	negro
	Thomas Pizzuto 8 de enero, 1999. (Carcel del condado de Nassau) Long Island: asesinado a golpes bajo la custodia de policías o guardias.	38	blanco
	Perry Walker, Jr. 6 de enero, 1996. (8va Av. y 29va Calle) Manhattan: disparado por policías.	36	negro
	Miguel A. Valoy-Núñez 4 de enero, 1999. (Calle Varick, Centro de Detención del INS) Manhattan: negligencia médica.	40	dominicano
	Jose Luis Lebron 31 de enero, 1990. (Bushwick) Brooklyn: disparado por policías.	14	latino
	Juan Rodriguez 30 de enero, 1988. (Bushwick) Brooklyn: asesinado a golpes bajo la custodia de policías o guardias.	40	latino
	Sima Gonik 29 de enero, 1994. (Coney Island) Brooklyn: causado por otro artefacto o incendio premeditado por policías.	81	ucranio
	Aurea Bonnie Vargas 29 de enero, 1993. (Upper West Side) Manhattan:disparada por policías.	41	—
	Mujahid Muhammed 29 de enero, 1993. (Upper West Side) Manhattan: disparado por policías.	24	—

NOMBRE	EDAD	ASCENDENCIA / NACIONALIDAD
Louis Liranso 27 de enero, 1990. (Bushwick) Brooklyn: disparado por policías.	17	—
Richard Austin 26 de enero, 1998. (Canarsie) Brooklyn: disparado por policías.	22	—
Dion Hawthorne 25 de enero, 1997. Queens: disparado por policías.	17	—
Michael Argenio 25 de enero, 1994. Babylon: disparado por policías.	29	—
Diógenes Paolino 22 de enero, 1996. (Washington Heights Manhattan: disparado por policías.	32	dominicano
Anibal Carrasquillo 22 de enero, 1995. (Flatbush) Brooklyn: disparado por policías.	21	puertorriqueño
Hombre no identificado 22 de enero, 1993. (Upper West Side) Manhattan: disparado por policías.	—	—
Patrick Heslin Phelan 21 de enero, 1996. Bronx: disparado por policías.	39	irlandés
Richard Singleton 20 de enero, 1997. Bronx: causas desconocidas bajo la custodia de policías o guardias.	18	afroamericano
Leonard Lawton 20 de enero, 1996. (Harlem / Washington Heights) Manhattan: disparado por policías.	25	afroamericano
Leon Smith 19 de enero, 1998. (Morris Heights) Bronx: disparado por policías.	33	—
Sean McGovern 18 de enero, 1995. Brooklyn: disparado por policías.	24	—
Scott Warme 16 de enero, 1998. Bronx: disparado por policías.	31	—
Frankie Arzuaga 12 de enero, 1996. Brooklyn: disparado por policías.	15	puertorriqueño
Anthony Rosario Hilton Vega 12 de enero, 1995. Bronx: disparados por policías.	18 21	puertorriqueño puertorriqueño
Shu'aib Abdul Latif 11 de enero, 1994. Brooklyn: disparado por policías.	17	afroamericano

	NOMBRE	EDAD	ASCENDENCIA / NACIONALIDAD
NEW YORK CITY / WESTCHESTER / LONG ISLAND	Dane Kemp 1 de enero, 1990. Brooklyn: asfixiado bajo la custodia de policías. o guardias.	28	negro
UPSTATE NEW YORK	Jonah Drisdom Mayo 1997. Niagara Falls: disparado por policías.	47	negro
	Ashley Fitzgerald Leeanne Fitzgerald Shane Fitzgerald 25 de septiembre, 1998. Condado de Orange (Greenville): disparados por policías.	7 38 4	— — —
	Keith Harrier Teri Sisson 30 de agosto, 1992. Portville: perseguido hasta una situación fatal por policías.	21 26	— —
	Michael Sweeten 30 de agosto, 1992. Portville: perseguido hasta una situación fatal por policías.	27	—
	Antwon Thomas 26 de agosto, 1997. Buffalo: perseguido hasta una situación fatal por policías.	18	—
	Jermaine Vayton 3 de julio, 1996. Buffalo: asesinado a golpes por policías.	25	afroamericano
	Felix Jorge, Jr. 28 de julio, 1994. Correccional de Clinton Dannamora: asfixiado.	24	dominicano
	Gregory Lee Richardson 28 de junio, 1999. Colonie (carcel del condado de Albany): asfixiado bajo la custodia de policías o guardias.	42	—
	Leigh Edelman 12 de junio, 1999. Woodstock: disparado por policías.	21	—
	Daren Alexis Ronald Russell 26 de mayo, 1997. (Kensington Expressway) Buffalo: atropellados por un carro de policía por policías.	38 46	— —
	Norma Roman 1 de mayo, 1998. Buffalo: disparado por oficiales de custodia fuera de prisión.	30	—
	Kenneth Arnold 27 de abril, 1995. Buffalo: asesinado a golpes por policías.	29	afroamericano
	Mark A. Spano 16 de abril, 1978. Condado de Onondaga: por policías.	20	blanco

NOMBRE	EDAD	ASCENDENCIA / NACIONALIDAD	
Christopher Colberg 1 de abril, 1999. Condado de Sullivan: disparado por policías.	37	—	UPSTATE NEW YORK
Mark Virginia 14 de marzo, 1996. Buffalo: asesinado a golpes bajo la custodia de policías o guardias.	38	blanco	
Persona no identificada 1992. Buffalo: disparada por policías.	—	—	
Eric Szczerbiak 7 de diciembre, 1992. Cheektowaga: atropellado por un carro de policía por policías.	16	—	
Paul Mills 5 de diciembre, 1991. Buffalo: disparado por policías.	19	afroamericano	
Paul Skinner 30 de noviembre, 1996. (Ruta 219) Ashford: atropellado por un carro de policía por policías.	34	—	
Nerrow Black 2 de noviembre, 1997. (bajo custodia) Schenectady: ahorcado bajo la custodia de policías o guardias.	24	—	
Timothy Sousie 28 de octubre, 1997. Troy: perseguido hasta una situación fatal por policías.	17	—	
Donald Fleming 16 de octubre, 1992. Buffalo: asesinado a golpes bajo la custodia de policías o guardias.	31	afroamericano	
Stanley Washington 8 de enero, 1998. Buffalo (bajo custodia): asesinado a golpes bajo la custodia de policías o guardias.	41	—	
Pierina R. Pascucci 28 de enero, 1998. Olean: atropellado por un carro de policía por policías.	77	—	
James Willie Cooper Noviembre 1996. Charlotte: disparado por policías.	—	negro	CAROLINA DEL NORTE
Hombre no identificado mid-1993. Concord: rociado con gas picante por policías.	—	—	
Daryl Howerton 8 de septiembre, 1994. Greensboro: disparado por policías.	19	negro	
Charles Irwin Potts 4 de septiembre, 1998. Oeste de Charlotte (Wingate): disparado por policías.	56	—	

	NOMBRE	EDAD	ASCENDENCIA / NACIONALIDAD
CAROLINA DEL NORTE	**Jackie Linwood Gearheart** 23 de septiembre, 1997. Winston-Salem: disparado por policías.	61	—
	Douglas Arthur Hutchinson 21 de septiembre, 1998. Charlotte: disparado por policías.	—	—
	David Michael Sivak 29 de agosto, 1997. Condado de Hoke: disparado por policías.	32	blanco
	Carolyn Sue Boetticher 8 de abril, 1997. Oeste de Charlotte: disparada por policías.	48	negro
	Jack Allen Crooks 10 de abril, 1998. Greensboro: disparado por policías.	28	—
	Vinson Harris 4 de marzo, 1986. Raleigh: asfixiado.	31	negro
	Derrick Kenyatta Warner 30 de marzo, 1998. Gaithersburg: disparado por policías.	36	—
	Joseph Anthony Brown 7 de febrero, 1998. Red Springs: asesinado a golpes por policías.	—	negro
	Joseph Hoffman 6 de febrero, 1997. Burlington: disparado por policías.	35	—
	Jerry Hendricks 2 de febrero, 1999. (Seneca) Condado de Oconee: negligencia médica bajo la custodia de policías o guardias.	48	—
	Mujer no identificada 1992. Oak City: disparada por policías.	—	—
	Damon Kearns 25 de diciembre, 1997. Davidson: disparado por policías.	joven	—
	Ronald Francis Pool 2 de noviembre, 1998. este de Charlotte: disparado por policías.	57	—
	Warnie Lee Patton 25 de octubre, 1997. Winston-Salem: rociado con gas picante bajo la custodia de policías o guardias.	36	—
	Donald Lee Moseley Jr. 24 de octubre, 1997. Rocky Mount: disparado por policías.	38	—
	Movell Daniels 20 de octubre, 1997. Condado de Spencer: disparado por policías.	—	—

NOMBRE	EDAD	ASCENDENCIA / NACIONALIDAD	
Henry Brown 6 de enero, 1997. Shelby: disparado por policías.	32	—	CAROLINA DEL NORTE
Malachiah McQueen 3 de enero, 1997. (Lilesville) condado de Anson: disparado por policías.	36	—	
Danny Harmon Noviembre 1996.Oeste de Cleveland: asesinado a golpes por policías.	38	blanco	CLEVELAND, OH
Walter Dobzansky Mediados de novienbre, 1993. Oeste de 11va calle: disparado por policías.	54	blanco	
Audrey Marshall Pascua, 1990. Este de Cleveland: disparada por policías.	34	afroamericana	
Josh Nicholas Abril 1998 (?). Cleveland: perseguido hasta una situación fatal por policías.	13	—	
Steven Singler 5 de septiembre, 1998. Cleveland: disparado por policías.	41	blanco	
Dwayne Harris 14 de septiembre, 1991. Este de Cleveland: disparado por policías.	31	afroamericano	
Larry Thomas 12 de septiembre, 1992. Bajo Cleveland (Palace Theater): asfixiado por policías.	28	afroamericano	
Dennis Tate 7 de agosto, 1998. (9na y St. Clair) Cleveland: perseguido hasta una situación fatal por policías.	22	negro	
Spencer Calhoun 20 de agosto, 1994. Cleveland: asesinado a golpes bajo la custodia de policías o guardias.	28	afroamericano	
Sylvester Tate 19 de agosto, 1995. Cleveland: disparado por policías.	39	afroamericano	
Steven Harms 16 de agosto, 1996. Cleveland: disparado por policías.	29	blanco	
James Harris 15 de agosto, 1998. (Proyectos de viviendas Outhwaite) Cleveland: disparado por policías.	51	afroamericano	
Michael Thomas Smolira 26 de julio, 1996. Cleveland: disparado por policías.	23	blanco	

	NOMBRE	EDAD	ASCENDENCIA / NACIONALIDAD
CLEVELAND, OH	**Correy Major** 2 de julio, 1998. Cleveland: disparado por policías.	—	negro
	Richard Jacobs 14 de julio, 1997. 32va y Clark Av.: disparado por policías.	28	blanco
	Rebecca Miller 6 de junio, 1994. Cleveland: disparada por policías.	22	afroamericana
	Andre Tony 14 de junio, 1998. Warrensville Heights: disparado por policías.	27	—
	Darnell Davis 11 de junio, 1997. 102va y calle Colonial: rociado con gas picante por policías.	28	afroamericano
	Napoleon H. Woods III 28 de mayo, 1990. Este de Cleveland: disparado por policías.	25	afroamericano
	Zobeyda Rivera 13 de mayo, 1994. Bay Village (suburbios de Cleveland): disparado por policías.	19	latina
	Edward V. Uhnak 1 de mayo, 1996. Cleveland: disparado por policías.	34	blanco
	Granville Caudell, Jr. 30 de abril, 1996. Cleveland: asesinado a golpes por policías.	46	afroamericano
	Adolph Boyd, Jr. 14 de abril, 1997. 118va y Av. Buckeye: disparado por policías.	30	afroamericano
	Hassan Haamid 11 de abril, 1998. Warrensville Heights: disparado por policías.	60	negro
	Michael Smith 23 de marzo, 1994. Ave. Woodhill: disparado por policías.	33	afroamericano
	James Rhodes 19 de febrero, 1997. 107va y St. Clair: disparado por policías.	26	afroamericano
	Paul Cavins 10 de febrero, 1997. Este de la 78va: disparado por policías.	35	blanco
	Shirley Jackson 1996. Cleveland (bajo custodia): causas desconocidas bajo la custodia de policías o guardias.	30	afroamericano
	David Cardenas 30 de diciembre, 1994. Oeste de Cleveland: disparado por policías.	35	latino

NOMBRE	EDAD	ASCENDENCIA / NACIONALIDAD	
Michael Pipkins 28 de diciembre, 1992. Cleveland (131va y Miles): asfixiado por policías.	23	afroamericano	CLEVELAND, OH
Everett Dismuke 28 de noviembre, 1993. Lee Road: disparado por policías.	20	afroamericano	
Darnell Baker 5 de octubre, 1993. Cleveland: disparado por policías.	16	afroamericano	
Ronnie Williams 29 de octubre, 1991. Este de Cleveland: disparado por agentes federales.	28	afroamericano	
Harvey Burton 26 de octubre, 1994. I-90 (carretera): disparado por policías.	24	afroamericano	
Stephen Horton 1 de enero, 1997. (4ta carcel del distrito) Cleveland: ahorcado bajo la custodia de policías o guardias.	41	afroamericano	
Anthony Carmichael Abril 1998 (?). (Suburbios de Dayton) Trotwood: disparado por policías.	18	—	OHIO (LAS AFUERAS DE CLEVELAND)
Colico Smalls 4 de agosto, 1999. Cantons: disparado por policías.	21	negro	
Daniel L. Pratt 10 de agosto, 1997. (Ruta 29) condado de Madison: disparado por policías.	23	—	
Mike Hill 28 de junio, 1995. Frazeysburg (condado de Muskingum): disparado por policías.	—	blanco	
Robert Williams 11 de mayo, 1998. Arlington Heights: perseguido hasta una situación fatal por policías.	17	—	
Michael Demonn Carpenter 19 de marzo, 1999. Norte de Cincinnati: disparado por policías.	30	afroamericano	
Lorenzo Collins 28 de febrero, 1997. Cincinnati. disparado por policías.	30	afroamericano	
Daniel T. Williams 2 de febrero, 1998. Cincinnati: disparado por policías.	41	—	
Walter E. Brown 1991. Cincinnati (Corryville): disparado por policías.	—	negro	

	NOMBRE	EDAD	ASCENDENCIA / NACIONALIDAD
OHIO (LAS AFUERAS DE CLEVELAND)	**Ervin Fanning** 1991. Cincinnati: asfixiado por policías.	—	—
	Persona no identificada 31 de diciembre, 1995. Columbus (Oak Street): disparada por policías.	—	—
	Dr. Margo S. Prade 26 de noviembre, 1997. Akron: disparada por policías.	—	—
	Derrick Calhoun 20 de enero, 1998. Columbus: disparado por policías.	21	—
OKLAHOMA	**Edwin Levall Vines** Noviembre 1998. Tulsa: disparado por policías.	—	—
	Hombre no identificado 5 de septiembre, 1998. Shawnee: disparado por policías.	—	—
	Kevin Young 11 de septiembre, 1991. Tulsa: disparado por policías.	17	—
	Tommy Ottis Glidewell 29 de agosto, 1989. Tulsa: disparado por policías.	42	—
	Kenneth Michael Trentadue 21 de agosto, 1995. Oklahoma Federal Prisión: asesinado a golpes.	45	—
	Justin H. Smith 14 de agosto, 1998. Tulsa: asesinado a golpes por policías.	24	negro-indígena
	Ray Peters	—	—
	Dos hombres no identificados 6 de julio, 1980. Oklahoma City: disparados por policías.	—	—
	Randy Smith 2 de julio, 1994. Tulsa: disparado por policías.	31	negro
	James Travis Laucks 24 de junio, 1999. Checotah: disparado por policías.	26	—
	Fernando Gonzales-Ceniceros 20 de junio, 1999. norte de Tulsa: disparado por policías.	35	mexicano
	Royce A. Owings 15 de abril, 1989. Tulsa: disparado por policías.	25	—
	Ralph Edward Boaz, Sr. 5 de febrero, 1994. Tulsa: disparado por policías.	38	negro

NOMBRE	EDAD	ASCENDENCIA / NACIONALIDAD	
Clyde McSlann 16 de febrero, 1999. Condado de Okmulgee: disparado bajo la custodia de policías o guardias.	17	—	OKLAHOMA
Perry Stuart 1992. Carcel del condado de Tulsa : disparado bajo la custodia de policías o guardias.	35	negro	
Phillip Wayne Bailey 14 de noviembre, 1994. Tulsa: disparado por policías.	41	—	
Wendell Oliver Niles 5 de octubre, 1997. Oklahoma City: perseguido hasta una situación fatal por policías.	43	—	
Gerald Coleman 20 de octubre, 1997. Lawton: disparado por policías.	16	—	
Bobby Henry Rogers 2 de octubre, 1993. Tulsa: disparado por policías.	29	—	
Harrod Boyd, Jr. 2 de octubre, 1992. Tulsa: asesinado a golpes por policías.	24	negro	
Charles Guffey 15 de octubre, 1997. Tulsa (bajo custodia): negligencia médica bajo la custodia de policías o guardias.	39	—	
Michael Bonner 16 de enero, 1999. Carcel del condado de Oklahoma: asesinado a golpes bajo la custodia de policías. o guardias.	22	—	
Persona no identificada 7 de septiembre, 1992 (?). Warrenton: disparada por policías.	—	—	OREGON
Richard Dennis Lee 30 de septiembre, 1998 (?). Eugene: rociado con gas picante por policías.	—	—	
Russell E. Rice (?) 27 de septiembre, 1990 (?). Condado de Josephine: disparado por policías.	30	—	
Brian R. Byrd 17 de septiembre, 1991 (?). Irrigon: causas desconocidas por policías.	23	—	
Dale James Saunders Darlene Marie Barrientes Jason Summerford Purvis Tasha Marie Nathan 13 de septiembre, 1990 (?). Florence: perseguidos hasta una situación fatal por policías.	25 joven joven 15	— — — —	

	NOMBRE	EDAD	ASCENDENCIA / NACIONALIDAD
OREGON	**Persona no identificada** 22 de octubre, 1991 (?). Portland: disparada por policías.	—	—
	James Raymond Talley 5 de noviembre, 1990 (?). Milwaukee: disparado por policías.	22	—
	Mark Wayne DeVoe 29 de mayo, 1992 (?). Salem: disparado por policías.	35	—
	Fred Thor Goodmanson 27 de mayo, 1992 (?). Portland: disparado por, policías.	—	—
	Hombre no identificado 16 de mayo, 1991 (?). Portland: disparado por policías.	—	—
	Lynn M. Kibbee Junio 1996 (?). Portland: disparada por policías.	31	—
	John Steven Nardi (padre) **Richard L. Nardi (hijo)** 12 de junio, 1994 (?). Dallas: disparados por policías.	26 11	— —
	Jerry Edwin Albin (?) 11 de junio, 1992 (?). Salem: disparado por policías.	—	—
	Terry Schmidt 20 de julio, 1991 (?). Corvallis: disparado por policías.	—	—
	Mujer no identificada Enero 1996 (?). Portland: causas desconocidas por policías.	—	—
	Jose Luis Calbaren Dominguez (?) 20 de enero, 1992 (?). Woodburn: disparado por policías.	—	latino
	Hombre no identificado 27 de febrero, 1991 (?). Salem: disparado por policías.	—	—
	Hombre no identificado 22 de febrero, 1994 (?). Eugene: disparado por policías.	—	—
	Edward Davis (?) 16 de febrero, 1996 (?). Nesika Beach: disparado por policías.	—	—
	E. Jean Amerson Diciembre 1996. Portland: perseguido hasta una situación fatal por policías.	69	—
	Persona no identificada 12 de diciembre, 1994 (?). Milwaukee: disparada por policías.	—	—

NOMBRE	EDAD	ASCENDENCIA / NACIONALIDAD
Bradley Alan Smith Agosto 1995. Eugene: disparado por policías.	31	—
Michael Patrick Malloy 7 de agosto, 1991 (?). Portland: disparado por policías.	—	—
Persona no identificada 28 de agosto, 1993 (?). Coos Bay: disparada por policías.	—	—
Janet Marilyn 21 de agosto (?), 1994. Gresham: disparada por policías.	—	—
Anthony Charles Reece 18 de agosto, 1996 (?). Salem: disparado por guardias de seguridad privada	—	—
Hombre no identificado 26 de abril, 1992 (?). Reedsport: disparado por policías.	—	—
Hombre no identificado 29 de septiembre, 1996. Portland: disparado por policías.	—	—
Bill Utton 23 de septiembre, 1997. Portland: disparado por policías.	65	—
Allen Robert Peterson 13 de septiembre, 1992. Portland: disparado por policías.	41	—
Judith Irene Hinch 11 de septiembre, 1997. Gresham: disparada por policías.	—	—
Paul L. Froats 6 de agosto, 1994. North Bend: disparado por policías.	35	—
Luthur Danzuka 5 de agosto, 1998. Warm Springs: negligencia médica.	42	indígena americano
Mark Andrew Lawson 4 de agosto, 1996. Medford: disparado por policías.	30	—
Ramona Pearl Heinze **Keith Randall James** 25 de agosto, 1993. Condado de Clackamas: perseguidos hasta una situación fatal por policías.	39 36	— —
Gale Moody 24 de agosto, 1994. Portland: disparado por policías.	52	—

	NOMBRE	EDAD	ASCENDENCIA / NACIONALIDAD
OREGON	**Salvador Hernandez** 2 de agosto, 1996. Keizer: disparado por policías.	63	mexicano
	Timothy Jay Fight 26 de julio, 1998. Beaverton: disparado por policías.	29	—
	Terrence Turner Rea 21 de julio, 1995. Corvallis: disparado por policías.	—	—
	Donald Hupp 18 de julio, 1998. Turner: disparado por policías.	—	—
	John Rhodes Huber 14 de julio, 1990. Camas Valley: disparado por policías.	50	—
	Evan Espinoza 18 de junio, 1994. McMinnville: por policías.	15	—
	Kevin McCoy 10 de junio, 1990. Portland: disparado por policías.	—	—
	Hombre no identificado 31 de mayo, 1998. Portland: causas desconocidas bajo la custodia de policías o guardias.	—	—
	Jacob Dewitt 23 de abril, 1995. Salem: perseguido hasta una situación fatal por policías.	14	—
	Edward Vincent Wyatt 21 de abril, 1997. Forest Grove: perseguido hasta una situación fatal por policías.	—	—
	Michael Henry 13 de abril, 1991. Portland: disparado por policías.	19	—
	Jay R. McDonnell 3 de marzo, 1993. Salem: disparado por policías.	32	—
	David Charles Fackler 29 de marzo, 1998. Albany: disparado por policías.	41	—
	Robert Harvey Rinehart 25 de marzo, 1992. Beaverton: disparado por policías.	48	—
	Marvin Young 13 de marzo, 1996. Eugene: disparado por policías.	43	blanco
	Luis Carrasco-Flores 28 de febrero, 1997. Salem: disparado por policías.	45	mexicano

NOMBRE	EDAD	ASCENDENCIA / NACIONALIDAD
Deontae Keller 28 de febrero, 1996. Portland: disparado por policías.	20	—
William Paul Kincaid 27 de febrero, 1998. Central Point: disparado por policías.	43	—
Donald Alton Rozelle 13 de febrero, 1998. Medford: disparado por policías.	33	—
George Edward Ferrell 4 de diciembre, 1995. Eugene: por policías.	42	—
Mari Lyn Sandoz 4 de diciembre, 1990. Portland: disparada por policías.	29	—
Peter C. Gilbaugh 31 de diciembre, 1998. Bajo Portland: disparado por policías.	44	—
John Millman Napier **Gene Amos Tawney** 26 de diciembre, 1997. Portland: perseguidos hasta una situación fatal por policías.	77 55	— —
Hombre no identificado 15 de diciembre, 1991. Portland: disparado por policías.	—	—
Roosevelt Wesley Harris III 14 de diciembre, 1998. Portland: perseguido hasta una situación fatal por policías.	14	—
Joe Gene Barton 26 de noviembre, 1993. Springfield: disparado por policías.	44	—
Nicholas Kirschder 12 de noviembre, 1992. Canby: disparado por policías.	—	—
Archie Michael Murray 11 de noviembre, 1995. Dallas: disparado por policías.	—	—
Aimo Kallio Savuno 5 de octubre, 1992. Portland: disparado por policías.	78	—
Hombre no identificado 31 de octubre, 1990. Medford: disparado por policías.	—	—
Lewis Stanley McClendon 30 de octubre, 1998. Tiller: disparado por policías.	63	—
Lance Sterling Alexander 3 de octubre, 1996. Salem: disparado por policías.	—	—

	NOMBRE	EDAD	ASCENDENCIA / NACIONALIDAD
OREGON	**Richard C. Dickie Dow** 20 de octubre, 1998. Portland: rociado con gas picante por policías.	30	—
	Daniel Jordan Ogburn 19 de octubre, 1998. La Grande: disparado por policías.	46	—
	Steven Clark Foster 13 de octubre, 1992. (Carcel del condado de Clackamas) Oregon City: disparado bajo la custodia de policías o guardias.	41	—
	Reginald B. Gafford 11 de octubre, 1997. (Carcel del condado de Multnomah) Portland: asfixiado bajo la custodia de policías. o guardias.	29	—
	Eric Allen Shannon 28 de enero, 1998. Pendleton: disparado por policías.	33	—
	Hombre no identificado 27 de enero, 1998. Portland: disparado por policías.	—	—
	Marvin Donald Free 23 de enero, 1999. (Cerca de Creswell) condado de Lane: disparado por policías.	64	—
	Nathan Thomas 16 de enero, 1992. Portland: disparado por policías.	12	—
	Bryan French 16 de enero, 1992. Portland: disparado por policías.	20	—
	William Hoge 15 de enero, 1998. Portland: perseguido hasta una situación fatal por policías.	31	—
	Sineth Yin 15 de enero, 1991. Hood River: disparado por policías.	—	—
	Larry Wayne Helberg 15 de enero, 1990. Union: disparado por policías.	52	—
	Gary R. Tull 10 de enero, 1990. Jefferson: disparado por policías.	48	—
PENNSYLVANIA CENTRAL	**John David Hirko, Jr.** 23 de abril, 1997. Bethlehem: disparado por policías.	22	blanco

NOMBRE	EDAD	ASCENDENCIA / NACIONALIDAD	
Stephen "Kuado" Opaku Noviembre 1998. Philadelphia: disparado por policías.	—	guineano (oeste de África)	PHILADELPHIA / ESTE DE PENNSYLVANIA
Kenneth Griffin 26 de septiembre, 1997. Philadelphia: disparado por un Oficial en custodia de la libertad condicional.	26	afroamericano	
Moises DeJesus 21 de agosto, 1994. Philadelphia: asesinado a golpes por policías.	—	—	
Anthony DiDonato 8 de julio, 1995. Philadelphia: asesinado a golpes por policías.	62	—	
Phillip McCall 18 de mayo, 1998. Oeste de Philadelphia: disparado por agentes federales.	50	afroamericano	
Conrad Africa	—	—	
Delicia Africa	—	—	
Frank James Africa	—	—	
Katricia Africa	—	—	
Phil Africa	—	—	
Theresa Africa	—	—	
Raymond Africa	—	—	
Rhonda Africa	—	—	
Thomaso Africa	—	—	
Vincent Leaphart	—	—	
Zenetta Africa 13 de mayo, 1985. Philadelphia: causado por artefacto incendiario o explosivo por policías.	—	—	
Hombre no identificado 24 de marzo, 1991. Philadelphia: disparado por policías.	—	—	
Sean Wilson 4 de noviembre, 1990. Philadelphia: disparado por policías.	—	—	
Donta Dawson 1 de octubre, 1998. Philadelphia: disparada por policías.	18	negra	
Maneia Bey Noviembre 1993. East Liberty: disparado por policías.	—	afroamericano	PITTSBURG / OESTE DE PENNSYLVANIA
Gerald Potter Marzo 1997. Homewood: disparado por policías.	—	—	
Devon Grimmit Diciembre 1998. Pittsburgh: disparado por policías.	—	negro	
Askia Muhammad (Rodney Webster) Agosto 1994. Northside: disparado por policías.	—	afroamericano	

	NOMBRE	EDAD	ASCENDENCIA / NACIONALIDAD
PITTSBURG / OESTE DE PENNSYLVANIA	**Craig L. Guest** 26 de junio, 1996. Homewood: disparado por policías.	—	afroamericano
	Merle Africa 13 de marzo, 1998. Instiuto Correccional Cambridge Springs: causas desconocidas.	47	negro
	Dwayne Dixon 21 de febrero, 1992. Wilkinsburg: disparado por policías.	—	afroamericano
	Jerry Jackson 1997. (Hill District) Pittsburgh: disparado por policías.	40	afroamericano
	Maurice Hall 1996. Homewood: disparado por policías.	—	afroamericano
	Lawrence Powell 1996. Pittsburgh: causas desconocidas por policías.	—	blanco
	Anthony Starks 1994. East Liberty: asesinado a golpes por policías.	—	afroamericano
	'Streeter' 1993. Hill District: asfixiado por policías.	—	afroamericano
	Joey Benton 20 de diciembre, 1997. Garfield: disparado por policías.	21	—
	Johnny Gammage 12 de octubre, 1995. Brentwood: asfixiado por policías.	31	afroamericano
	Darryl Dean Fecha desconocida. Garfield: disparado por policías.	14	afroamericano
	Anthony Walton Fecha desconocida. Pittsburgh: disparado por policías.	—	blanco
RHODE ISLAND	**Dos hombres no identificados** Julio 1997. —: perseguido hasta una situación fatal por policías.	—	—
CAROLINA DEL SUR	**Benjamin A. Williams** 8 de septiembre, 1998. condado de Greenville: disparado por policías.	—	afroamericano
	Clyde Harvey 8 de septiembre, 1998. Condado de Greenville: disparado por policías.	54	afroamericano
	Kenneth Brian Fennell 30 de agosto, 1993. (I-85) condado de Guilford: disparado por policías.	23	negro

NOMBRE	EDAD	ASCENDENCIA / NACIONALIDAD	
Jamel Radcliff 21 de agosto, 1997. Greenville: estrangulado bajo la custodia de policías o guardias.	21	negro	**CAROLINA DEL SUR**
Douglas Fischer 20 de julio, 1995. Spartanburg: asfixiado por guardias de seguridad privada.	24	negro	
David Burrell 2 de julio, 1997. Clover: disparado por policías.	42	—	
Frederick Cory Ellis 23 de junio, 1997. Condado de Greenville: disparado por policías.	33	afroamericano	
Harvey Lee Duke, Jr. 8 de mayo, 1995. Centro de Detención Condado de Greenville: asfixiado bajo la custodia de policías o guardias.	38	blanco	
Tyrone Napolean Salters 29 de abril, 1998. Condado de Greenville: disparado por policías.	—	afroamericano	
Michael Ross Bowers 15 de abril, 1998. Condado de Greenville: disparado por policías.	—	afroamericano	
Brenda Faye Cooper 16 de marzo, 1995. Condado de Greenville: disparada por policías.	23	afroamericana	
Chinue Tao Hashim 20 de febrero, 1997. : (Greer) condado de Greenville: disparado por policías.	20	afroamericano	
Donald Williams 6 de noviembre, 1995. Condado de Greenville: disparado por policías.	41	afroamericano	
Dennis Richard Mickel 28 de octubre, 1996. Centro de Detención del condado de Greenville: negligencia médica bajo la custodia de policías o guardias.	44	blanco	
Humberto Eddie Rodriguez 17 de octubre, 1994. Condado de Greenville: disparado por policías.	38	puertorriqueño	
Timothy Scott Fowler 10 de octubre, 1997. Condado de Greenville: disparado por policías.	29	afroamericano	
David Speakman **Otros 5 hombres** Abril 1997. —: negligencia	34	blanco	**TENNESSEE**
Ricky Terry 30 de septiembre, 1997. (Village Woods) Memphis: disparado por policías.	17	—	

	NOMBRE	EDAD	ASCENDENCIA / NACIONALIDAD
TENNESSEE	Leon R. Fisher 10 de agosto, 1997. Nashville: disparado por policías.	23	negro
	Geraldo Moreno 25 de junio, 1997. Nashville: disparado por guardias de seguridad privada	28	mexicano
	Kevin McCoullough 8 de mayo, 1998. Chattanooga: disparado por policías.	27	negro
	Nathan Pillow 7 de mayo, 1998. Columbia: disparado por policías.	21	negro
	Hombre no identificado 14 de mayo, 1998. Nashville: disparado por policías.	—	—
	Montrail Collins 1 de mayo, 1998. Chattanooga: disparado por policías.	22	negro
	Roger Dean Lansdown 8 de febrero, 1997. Gassville: negligencia por policías.	—	—
	Bobby J. Russell, Jr. 1995. Cerca de Arlington: atropellado por un carro de policía por policías.	41	—
	James Madison Foster, Jr. 9 de octubre, 1997. (condado de Shelby) Este de Memphis: causas desconocidas por policías.	56	—
	Stephen Lamont Weaver 18 de octubre, 1997. Carcel del condado de Morgan: causas desconocidas bajo la custodia de policías o guardias.	23	—
	Juan Lorenzo Daniels 17 de octubre, 1997. Este d Knoxville: disparado por policías.	25	—
	Andre Stenson 9 de enero, 1998. Knoxville: causas desconocidas bajo la custodia de policías o guardias.	34	—
TEXAS	Wendell Baker, Jr. Marzo 1992. Galveston: disparado por policías.	21	—
	Ernest Moore Julio 1998. San Benito: disparado por la patrulla fronteriza.	25	—
	Tony Reyes Diciembre 1996. San Antonio: disparado por policías.	—	—

NOMBRE	EDAD	ASCENDENCIA / NACIONALIDAD	
Hombre no identificado 26 de septiembre, 1998. Fort Worth: disparado por policías.	—	—	TEXAS
Erick Costilla 24 de septiembre, 1998. San Antonio: disparado por policías.	20	—	
Hombre no identificado 17 de septiembre, 1998. Dallas: rociado con gas picante por policías.	40	—	
Darrell Barnett Britton 17 de septiembre, 1997. Houston: disparado por policías.	44	—	
Richard Jason Anderson 1 de septiembre, 1998. Dickinson: disparado por policías.	29	—	
Otis Charles Cooks 8 de agosto, 1996. Houston: disparado por policías.	21	negro	
Herbert Caldwell 26 de agosto, 1996. Arlington: disparado por policías.	—	—	
Edward Bradford 20 de agosto, 1998. Noroeste de Houston: disparado por policías.	30	—	
Santos Rijos 20 de agosto, 1998. Sureste de Houston: disparado por policías.	35	—	
Hombre y mujer no indentificados 18 de agosto, 1998. Fort Worth: perseguido hasta una situación fatal por policías.	—	—	
Reginald Wayne Smith 18 de agosto, 1998. Noreste de Dallas: disparado por policías.	32	—	
Matthew Morgan 15 de agosto, 1995. Houston: disparado por policías.	29	—	
Robert Lee Castillo 11 de agosto, 1997. Norte de Fort Worth: disparado por policías.	36	—	
Robert "Jack" Williams 10 de agosto, 1998. Richmond: disparado por policías.	29	—	
Emile Duhamel 9 de julio, 1998. Prisión Ellis Death Row: negligencia médica	—	—	
Randy Redd 8 de julio, 1997. Odessa: disparado por policías.	38	—	

	NOMBRE	EDAD	ASCENDENCIA / NACIONALIDAD
TEXAS	**Paul Watson** 22 de julio, 1998. Houston: disparado por policías.	41	—
	Travis O'Neill Allen 15 de julio, 1995. Bellaire: disparado por policías.	17	anglo
	Pedro Oregón 12 de julio, 1998. (Gulfton Barrio) Houston: disparado por policías.	23	mexicano
	Dominigo Artea 6 de junio, 1998. East Fort Worth: disparado por policías.	24	—
	Willie K. Friday 6 de junio, 1997. San Antonio: disparado por policías.	34	—
	Gabriel Demoise Ledet 28 de junio, 1998. Sureste de Houston: perseguido hasta una situación fatal por policías.	22	—
	Richard Young 5 de mayo, 1998. Houston: disparado por policías.	72	—
	Wilbert Martin Guidry 5 de mayo, 1998. (Fresno) condado de Fort Bend: perseguido hasta una situación fatal por policías.	22	—
	Mike Matson 5 de mayo, 1997. Fort Davis area: disparado por policías.	48	blanco
	William Euell Poynor 29 de mayo, 1998. Gorman: disparado por policías.	96	—
	Esequiel Hernandez, Jr. 20 de mayo, 1997. Redford: disparado por guardias	18	chicano
	Minh Nguyen 2 de mayo, 1998. Suroeste de Houston: perseguido hasta una situación fatal por policías.	26	—
	Edwards Seth Rogers, Jr. 7 de abril, 1997. Corpus Christi: disparado por policías.	—	—
	Hombre no identificado 30 de abril, 1998. Cerca de Floresville: disparado por policías.	—	—
	Kelvin Dewayne McDowell 3 de abril, 1998. Houston: disparado por policías.	25	—

NOMBRE	EDAD	ASCENDENCIA / NACIONALIDAD
Brendan John Hightower 3 de abril, 1998. Mesquite: disparado por policías.	34	—
Korey Lavale Rawls 23 de abril, 1998. Sureste de Houston: disparado por policías.	24	—
Katherine Andrade	24	blanca americana
Chanel Andrade	1	blanca americano
Jennifer Andrade	9	blanca americana
George Bennett	35	negro británico
Susan Benta	31	negra británica
Mary Jean Borst	49	blanca americana
Pablo Cohen	38	blanco israelita
Abedowalo Davies	30	negro británico
Shari Doyle	18	blanca americana
Beverly Elliot	30	negra británica
Yvette Fagan	32	negra británica
Doris Fagan	51	negra británica
Lisa Marie Farris	24	blanca americana
Raymond Friesen	76	blanco canadiense
Sandra Hardial	27	negra británica
Zilla Henry	55	negro británico
Vanessa Henry	19	negra británica
Phillip Henry	22	negro británico
Paulina Henry	24	negra británica
Stephen Henry	26	negro británico
Diana Henry	28	negra británica
Novellette Hipsman	36	negra canadiense
Floyd Houtman	61	afroamericano
Sherri Jewell	43	asiatica americana
David M. Jones	38	blanco americano
David Koresh	33	blanco americano
Rachel Koresh	24	blanca americana
Cyrus Koresh	8	blanco americano
Star Koresh	6	blanca americana
Bobbie Lane Koresh	2	blanco americano
Jeffery Little	32	blanco americano
Nicole Gent Little	24	blanca (australiana)
Dayland Gent	3	blanco americano
Page Gent	1	blanca americana
Livingston Malcolm	26	negro británico
Diane Martin	41	negra británica
Wayne Martin, Sr.	42	afroamericano
Lisa Martin	13	afroamericana
Sheila Martin, Jr.	15	afroamericana
Anita Martin	18	afroamericana
Wayne Martin, Jr.	20	afroamericano
Julliete Martinez	30	mexicana-americana
Crystal Martinez	3	mexicana-americana
Isaiah Martinez	4	mexicano-americano
Joseph Martinez	8	mexicano-americano
Abigail Martinez	11	mexicana-americana
Audrey Martinez	13	mexicana-americana
John-Mark McBean	27	negro británico
Bernadette Monbelly	31	negra británica
Rosemary Morrison	29	negra británica
Melissa Morrison	6	negra británica
Sonia Murray	29	afroamericana
Theresa Nobrega	48	negra británica
James Riddle	32	blanco americano
Rebecca Saipaia	24	filipina
Steve Schneider	43	blanco americano

	NOMBRE	EDAD	ASCENDENCIA / NACIONALIDAD
TEXAS	Judy Schneider	41	blanca americana
	Mayanah Schneider	2	blanca americana
	Clifford Sellors	33	blanco (británico)
	Scott Kojiro Sonobe	35	asiatico americano
	Floracita Sonobe	34	filipina
	Gregory Summers	28	blanco americano
	Aisha Gyrfas Summers	17	blanca (australiana)
	Startle Summers	1	blanca americana
	Lorraine Sylvia	40	blanca americana
	Rachel Sylvia	12	blanca americana
	Hollywood Sylvia	1	blanco americano
	Michelle Jones Thibodeau	18	blanca americana
	Serenity Jones	4	blanca americana
	Chica Jones	2	blanca americana
	Little One Jones	2	blanco americano
	Neal Vaega	38	samoano (neozelandés)
	Margarida Vaega	47	asiática (neozelandés)
	Mark H. Wendell	40	asiatico americano
	19 de abril, 1993. Waco: muerte por incendio o explosión por agentes federales.		
	Hombre no identificado	—	—
	18 de abril, 1998. (Humble) condado de Harris: disparado por policías.		
	Reginald LaVergne	18	negro
	17 de abril, 1999. (Departamento Criminal Judicial de Texas) Tennessee Colony: causas desconocidas		
	Brian Daniel Arledge	22	—
	16 de abril, 1997. Houston: disparado por policías.		
	Gregory Ruiz	32	—
	28 de marzo, 1998. Carcel del condado de Fort Bend: causas desconocidas bajo la custodia de policías. o guardias.		
	William Saldana	32	—
	23 de marzo, 1998. El Paso: disparado por la patrulla fronteriza.		
	Cody Underkofler	13	—
	23 de marzo, 1993. (Oeste de Oak Cliff) Dallas: atropellado por un carro de policía por policías.		
	Salvador Solis	17	—
	21 de marzo, 1998. Dallas: perseguido hasta una situación fatal por policías.		
	Dolores Gallegos	17	—
	8 de febrero, 1998. Dallas: atropellado por un carro de policía por policías.		
	Winston Blake	28	negro británico
	Peter Gent	24	blanco australiano
	Peter Hipsman	28	blanco americano
	Perry Jones	64	blanco americano
	Michael Schroeder	29	blanco americano
	Jaydean Wendell	34	hawaiano
	28 de febrero, 1993. Waco: disparados por agentes federales.		

NOMBRE	EDAD	ASCENDENCIA / NACIONALIDAD
Katherine Findley	18	—
Megan Jones 17 de febrero, 1996. noreste de Dallas: atropelladas por un carro de policía por policías.	18	—
Darnell Solomon 11 de diciembre, 1997. Dallas (Marvin D. Love Freeway): perseguido hasta una situación fatal por policías.	15	—
Francisco Javier Campero 8 de noviembre, 1994. El Paso: disparado por Agentes de Aduanas	20	mexicano
Julio Cesar Galicia 5 de noviembre, 1990. Lower Rio Grande Valley: disparado por la patrulla fronteriza.	26	mexicano
Joel Marquez 3 de noviembre, 1997. sureste de Dallas: perseguido hasta una situación fatal por policías.	18	—
Oliver Rodriguez, Jr. 29 de noviembre, 1997. este de Houston: disparado por policías.	33	latino
Joe Lee Calloway 7 de octubre, 1996. Grand Prairie: disparado por policías.	—	negro
Rose Marie Treadway	43	—
(alias Melody Ann Carson) 30 de octubre, 1997. (E.U. 59) Houston: disparadas por policías.	—	—
Paul Dickson Voncolditz 30 de octubre, 1997. condado de Montgomery: disparado por policías.	53	—
Stephanie P. Ryne 3 de octubre, 1998. Houston: disparada por policías.	35	—
Leonard Lewis 28 de octubre, 1997. este de Fort Worth : perseguido hasta una situación fatal por policías.	—	—
Phillip Raymond Garcia 26 de octubre, 1997. Dallas: disparado por policías.	27	—
Derek Jason Kaeseman 25 de octubre, 1998. Houston: disparado por policías.	24	anglo
Charley Edward Cook 2 de octubre, 1998. Fort Worth: disparado por policías.	23	—

	NOMBRE	EDAD	ASCENDENCIA / NACIONALIDAD
TEXAS	**Russell Robertson** 1 de octubre, 1998. (Farmers Branch) condado de Dallas: disparado por policías.	27	—
	Christopher Molina 4 de enero, 1998. noroeste de Houston: causas desconocidas bajo la custodia de policías o guardias.	32	—
	Gary Lee Crenshaw 25 de enero, 1997. Prisión del oeste de Texas: asesinado a golpes	—	—
	Julian Garcia 24 de enero, 1998. Pasadena: atropellado por un carro de policía por policías.	23	—
	Rodney Paul Wickware 23 de enero, 1998. Austin: asesinado a golpes por policías.	31	—
	Brian Cloud 23 de enero, 1998. Houston: perseguido hasta una situación fatal por policías.	4	—
	Donnie DeWayne Jackson 14 de enero, 1999. Condado de Harris: asesinado a golpes bajo la custodia de policías o guardias.	23	—
	Eli Montesinos Delgado 1 de enero, 1997. San Antonio: causas desconocidas por policías.	44	—
UTAH	**George White** 28 de julio, 1996. Condado de Salt Lake: disparado por policías.	—	—
	Niño no identificado 14 de mayo, 1996. Salt Lake City: perseguido hasta una situación fatal por policías.	15	—
	Michael Valent 20 de marzo, 1997. (Prisión estatal de Utah) Salt Lake City: asfixiado.	29	—
	Dorothy Stevens 19 de marzo, 1997. I-84 (Cerca de Morgan): atropellada por un carro de policía por policías.	89	—
	Blaine Tripp 8 de febrero, 1997. Murray: disparado por policías.	67	—
	Alicia Avila 19 de diciembre, 1997. Condado de Salt Lake: disparada por policías.	17	—
	John R. Dinsmore 24 de noviembre, 1997. Mohab: disparado por policías.	49	—

NOMBRE	EDAD	ASCENDENCIA / NACIONALIDAD	
Andrew Vialpando 9 de enero, 1998. Condado de Emery: perseguido hasta una situación fatal por policías.	19	—	UTAH
Bryan Larry Davis 4 de enero, 1998. Condado de Salt Lake: disparado por policías.	26	—	
Wade Ward Fecha desconocida. Wellington: disparado por policías.	33	—	
Melvin L. Stith, Sr. Octubre 1997. Petersburg: disparado por policías.	32	—	VIRGINIA
Bruce Vincent Quagliato Marzo 1997. (Base naval anfibia Little Creek) Virginia Beach: disparado por policías.	28	—	
Darnell Lee Tinsley 8 de agosto, 1998. (Burtonsville) Alexandria: disparado por policías.	24	—	
Kennith "Kenny" Harris 2 de agosto, 1997. (I-66) Arlington: disparado por policías.	31	negro	
Kevin Arnold 24 de julio, 1995. —: disparado por agentes federales	—	—	
Otis Kelley 16 de marzo, 1995. Condado de Alexandria disparado por policías.	24	negro	
Jerone J. Walton 1994. Carcel de la ciudad de Norfolk: negligencia médica bajo la custodia de policías o guardias.	28	—	
David Jerome Pryor 31 de diciembre, 1997. (Piedmont mall) Danville: disparado por policías.	joven	negro	
Brian Cox 12 de diciembre, 1997. Dumfries: disparado por policías.	25	—	
Jack L. Palmer 5 de octubre, 1997. (Coeburn) condado de Wise: disparado por policías.	62	—	
Henry Simmons Fecha desconocida. (en prisión): negligencia médica	—	—	

	NOMBRE	EDAD	ASCENDENCIA / NACIONALIDAD
WASHINGTON, D.C.	**Persona no identificada** Marzo 1993. Washington, D.C.: disparada por policías.	19	—
	Patrick Joseph Hill, Jr. 21 de agosto, 1998. (I-295) Sureste de Washington: disparado por policías.	36	—
	Damon Henry 20 de agosto, 1995. (Naylor Road SE) Washington, D.C.: disparado por policías.	18	—
	Terrence Hicks 16 de agosto, 1994. Sureste de Washington: disparado por policías.	31	—
	Persona no identificada 10 de agosto, 1998. Washington, D.C. (400 cuadras al noroeste de la calle Q): disparada por policías.	—	—
	Sutoria Moore 15 de julio, 1994. Washington, D.C.: disparada por policías.	19	—
	Eric Antonio Anderson 9 de junio, 1996. Washington D.C. (50va calle y el sureste de la calle C): disparado por policías.	18	—
	Hombre no identificado 1 de junio, 1998. Noroeste de Washington: disparado por policías.	—	—
	Dion Hinnant 26 de mayo, 1994. Cerca del complejo de viviendas Atlantic Terrace: disparado por policías.	—	negro
	Nathaniel "Bud" Mitchell 18 de mayo, 1993. Marshall Heights: disparado por policías.	38	—
	Wendell Fleming 16 de mayo, 1998. Benning Park: disparado por policías.	37	—
	Kedemah Dorsey 15 de mayo, 1995. Washington, (Av. Florida) D.C.: disparado por policías.	16	—
	Telulope Awonie 8 de abril, 1993. Noroeste de la calle Shepherd (900 cuadras): disparado por policías.	41	—
	Hombre desvalido no identificado 7 de marzo, 1998. The Pentagon: disparado por guardias de seguridad privada	30-40	—
	Adesola Adesina 23 de marzo, 1994. Terminal de autobus Greyhound, noreste de la calle First: disparado por policías.	34	—

NOMBRE	EDAD	ASCENDENCIA / NACIONALIDAD	
Edward Thomas 21 de marzo, 1996.Av. Martin Luther King Jr. y el sureste de la calle Fourth: disparado por policías.	20	—	WASHINGTON, D.C.
James Madison McGee, Jr. 7 de febrero, 1995. Suroeste de Washington: disparado por policías.	26	negro	
Antonio Williams 7 de febrero, 1995. Lincoln Heights: disparado por policías.	18	—	
Hombre no identificado 1994. Washington, D.C.: disparado por policías.	—	—	
Joseph N. Cooper, Jr. 11 de noviembre, 1995. Cerca del estadio memorial Robert Kennedy Memorial Stadium: disparado por policías.	21	negro	
Anteneh Getachew 14 de octubre, 1995. Noroeste de Washington: disparado por policías.	30	etíope	
Roland Antonio Wells 14 de enero, 1995. Sureste de Livingston Road: disparado por policías.	21	—	
Allen Kinder junio 26, 1989 (?). Summit (?): disparado por policías.	—	—	ESTADO DE WASHINGTON
Bryce Rae 3 de enero, 1990 (?). Port Orchard: perseguido hasta una situación fatal por policías.	19	—	
Robert Knott 16 de febrero, 1988 (?). Condado de Lewis: causas desconocidas por policías.	—	—	
Leola Washington Diciembre 1985. Seattle: causas desconocidas por policías.	24	—	
Charles Medina 18 de agosto, 1988 (?). Tacoma (?): perseguido hasta una situación fatal por policías.	6	—	
William Gravel 18 de abril, 1988 (?). Tacoma: por policías.	—	—	
Dennis Tiles 8 de septiembre, 1989. Seattle: disparado por policías.	38	blanco	
Anthony Varela 6 de septiembre, 1994. Spanaway: disparado por policías.	31	—	

	NOMBRE	EDAD	ASCENDENCIA / NACIONALIDAD
ESTADO DE WASHINGTON	**Bodegard Mitchell** 30 de septiembre, 1996. Seattle: disparado por policías.	84	negro
	Douglas Reagan 30 de septiembre, 1996. Everett: rociado con gas picante por policías.	35	blanco
	David Lopez	—	—
	Bobby Woods 30 de septiembre, 1993. Condado de Pierce: perseguido hasta una situación fatal por policías.	31	—
	Hombre no identificado 3 de septiembre, 1995. Carcel del condado de Spokane: causas desconocidas bajo la custodia de policías o guardias.	28	—
	Chad Martinson 3 de septiembre, 1990. Tacoma: perseguido hasta una situación fatal por policías.	18	—
	Michael P. Spence 27 de septiembre, 1993. Condado de Kitsap: perseguido hasta una situación fatal por policías.	18	—
	Stanley Chambers 22 de septiembre, 1996. Tacoma: disparado por policías.	17	negro-indígena americano
	Emily Milonas 20 de septiembre, 1997. Tacoma: tensión física o emocional por policías.	78	—
	Bikram Singh 19 de septiembre, 1994. Seattle (Carcel de reabilitación): causas desconocidas bajo la custodia de policías o guardias.	31	—
	Michael T. Jacob 16 de septiembre, 1988. Seattle: disparado por policías.	19	blanco
	David Allen Whitford 15 de septiembre, 1991. Tacoma: disparado por policías.	26	—
	John Henry Ashley 10 de septiembre, 1998. Seattle (Carcel del condado de King): negligencia médica bajo la custodia de policías o guardias.	49	—
	Hombre no identificado 10 de septiembre, 1989. Tacoma (?): causas desconocidas por agencias policiacas no determinadas.	—	—
	Andre Rufus Stapleton 1 de septiembre, 1996. (85va y Aurora) Seattle: estrangulado por policías.	33	negro

NOMBRE	EDAD	ASCENDENCIA / NACIONALIDAD
Richard Martin 1 de septiembre, 1992. Tacoma: disparado por policías.	—	—
Yoshihiko Tanabe 9 de agosto, 1992. Fife: atropellado por un carro de policía por policías.	71	japonés
Hombre no identificado 6 de agosto, 1993. Spokane: disparado por policías.	—	—
Dwight Dwigans 4 de agosto, 1990. Puyallup: causas desconocidas por policíás.	—	—
Matt Acheson 3 de agosto, 1996. Gold Bar: perseguido hasta una situación fatal por policías.	25	blanco
Samath Mom 29 de agosto, 1998. Tacoma: causas desconocidas bajo la custodia de policías o guardias.	18	vietnamita
Steven Smith 29 de agosto, 1991. Seattle: disparado por policías.	32	—
Sidney McDermott 28 de agosto, 1994. Spokane: disparado por policías.	42	—
James C. Whitney 26 de agosto, 1994. Port Orchard: disparado por policías.	36	—
Jon Sanders 21 de agosto, 1992. Redmond: perseguido hasta una situación fatal por policías.	27	—
Stacey Lee Mattice 17 de agosto, 1996. Bonney Lake: perseguida hasta una situación fatal por policías.	21	blanca
Jacqueline "Crys" Williams 16 de agosto, 1991. Renton (?): perseguida hasta una situación fatal por policías.	38	—
Kelly A. Miller 15 de agosto, 1991. Spokane: disparada por policías.	30	—
Fred Muir 11 de agosto, 1996. Sumner: disparado por policías.	51	—
James Bradley Wren 10 de agosto, 1996. Preston: causas desconocidas por policías.	35	blanco
Hombre no identificado 6 de julio, 1997. Vancouver: disparado por policías.	39	—

	NOMBRE	EDAD	ASCENDENCIA / NACIONALIDAD
ESTADO DE WASHINGTON	**Jesse Jerome** 4 de julio, 1990. Taholah: disparado.	20	indígena (Chippewa)
	Anthony P. Scontrino 3 de julio, 1992. Issaquah: perseguido hasta una situación fatal por policías.	17	—
	Ted Rathbun 29 de julio, 1993. College Place: disparado por policías.	29	—
	Jeffrey Williams 26 de julio, 1993. Seattle: perseguido hasta una situación fatal por policías.	13	—
	Lorenzo Walker 25 de julio, 1990. (Carcel del condado de King) Seattle: negligencia médica bajo la custodia de policías o guardias.	39	negro
	Jon Otis 22 de julio, 1992. Summit: disparado por policías.	48	—
	Mary Millard 18 de julio, 1998. Tacoma: perseguida hasta una situación fatal por policías.	88	—
	Michael David Oakes 13 de julio, 1997. Vancouver: disparado por policías.	30	—
	Daniel Lewis Jones 10 de julio, 1990. Tacoma: disparado por policías.	44	—
	Shawn Robert McDowell 10 de julio, 1988. Seattle: disparado por policías.	29	blanco
	Kevin Rangitsch 9 de junio, 1998. Bothell: disparado por policías.	36	blanco
	Alvin Euell 8 de junio, 1991. Auburn: asfixiado por policías.	34	—
	Tisha Ann Storm 7 de junio, 1995. Cascade Park: perseguida hasta una situación fatal por policías.	18	—
	James J. Willis 4 de junio, 1997. Lake Stevens: disparado por policías.	34	—
	Randy Green 28 de junio, 1994. Seattle: causas desconocidas bajo la custodia de policías o guardias.	35	negro
	Rodney A. Lucht 28 de junio, 1991. Tacoma: disparado por policías.	34	—

NOMBRE	EDAD	ASCENDENCIA / NACIONALIDAD
Elmer L. Ingram 27 de junio, 1996. Colville: disparado por policías.	21	—
Peter Badewitz 25 de junio, 1993. Seattle: disparado por policías.	25	—
Michael Darwin Hull 23 de junio, 1991. Tacoma: disparado por policías.	33	—
Howard L. Aga 22 de junio, 1998. Seattle: perseguido hasta una situación fatal por policías.	17	—
Michael Valentine 21 de junio, 1998. Tacoma: disparado por policías.	39	—
Glenn Graves 20 de junio, 1991. Stanwood: disparado por policías.	21	—
Danny R. Spencer 17 de junio, 1989. Olympia: rociado con gas picante por policías.	28	—
Nicholas Struckman 13 de junio, 1997. Spokane (bajo custodia): causas desconocidas bajo la custodia de policías o guardias.	19	—
Douglas J. Lefebvre 12 de junio, 1998. Chewelah: disparado por policías.	41	—
Mr. Isaac (?) 6 de mayo, 1988. Tacoma: disparado por policías.	—	—
Nolan L. Davis 3 de mayo, 1995. Stanwood: disparado por policías.	38	—
David L. Seago 28 de mayo, 1997. Lakewood: disparado por policías.	35	—
Thomas Roy Smith 26 de mayo, 1995. Puyallup: disparado por policías.	27	—
Denny Allen 24 de mayo, 1994. White Salmon: disparado por policías.	33	—
Natividad Valdez Corral 23 de mayo, 1991. Wenatchee: disparado por policías.	22	—
Steven Roy Brink 20 de mayo, 1995. Bonney Lake: rociado con gas picante por policías.	30	—

	NOMBRE	EDAD	ASCENDENCIA / NACIONALIDAD
ESTADO DE WASHINGTON	**Heather L. Steven** 18 de mayo, 1992. Kent: perseguida hasta una situación fatal por policías.	23	—
	Gertrude Barrow 16 de mayo, 1994. Purdy (Centro correccional para mujeres de Washington): negligencia médica.	41	—
	Viniamin Polevoy 8 de abril, 1995. Shoreline: perseguido hasta una situación fatal por policías.	20	—
	William Nelson Stewart 5 de abril, 1990. Longview: disparado por policías.	65	—
	Laurence Buck 4 de abril, 1997. Tacoma: disparado por guardias de seguridad privada	44	—
	Trent Lincoln 30 de abril, 1998. Centralia: perseguido hasta una situación fatal por policías.	38	—
	Chen Thach 30 de abril, 1996. Tacoma: atropellado por un carro de policía por policías.	30	vietnamita
	Roger C. Lawhorne 30 de abril, 1993. Seattle: disparado por policías.	25	blanco
	Christopher Kraft 28 de abril, 1998. Spokane: perseguido hasta una situación fatal por policías.	35	—
	Gary Pate 28 de abril, 1988. Orting (?): disparado por policías.	19	—
	Christine Wetrich 24 de abril, 1996. Tacoma: negligencia médica por empleados de la casa de asistencia.	14	—
	Antonio Silo Dunsmore 22 de abril, 1995. Seattle: disparado por policías.	31	filipino
	Joe R. Lawson 15 de abril, 1997. Spokane: disparado por policías.	41	—
	Anthony Tyrone "Smurf" Davis, Jr. 12 de abril, 1998. Tacoma: perseguido hasta una situación fatal por policías.	16	—
	Amy Sue Deines 11 de abril, 1997. Auburn: perseguida hasta una situación fatal por policías.	35	—

NOMBRE	EDAD	ASCENDENCIA / NACIONALIDAD
Hombre no identificado 9 de marzo, 1995. Vancouver: perseguido hasta una situación fatal por policías.	—	—
Blaine Dalrymple 8 de marzo, 1995. Spokane: disparado por policías.	38	—
Shawn Bradley Cottrell 31 de marzo, 1994. Federal Way: disparado por policías.	19	—
Hombre no identificado 28 de marzo, 1998. Spokane: perseguido hasta una situación fatal por policías.	19	—
Robin Marie Pratt 28 de marzo, 1992. Everett: disparado por policías.	28	blanco
Terry Grubham 27 de marzo, 1996. Renton: perseguido hasta una situación fatal por policías.	33	—
Eric A. Larsen 24 de marzo, 1999. Graham: disparado por policías.	23	—
Christina Varner 22 de marzo, 1995. Tacoma: perseguida hasta una situación fatal por policías.	15	—
Karl Eugene Walton 18 de marzo, 1999. Lynden: disparado por policías.	37	—
Jeffrey E. Orris 17 de marzo, 1991. Puyallup: perseguido hasta una situación fatal por policías.	20	—
Mark Overby 15 de marzo, 1992. Olympia: perseguido hasta una situación fatal por policías.	16	—
Michael Ray Mitchell 13 de marzo, 1997. Tacoma: disparado por policías.	22	indígena americano
Max Martinez 12 de marzo, 1999. Federal Way: disparado por policías.	39	—
Sovate Sou 11 de marzo, 1999. Spanaway: perseguido hasta una situación fatal por policías.	14	—
John Porter 10 de marzo, 1995. Auburn: disparado por policías.	43	—
Shaun Rutledge 7 de febrero, 1998. Tacoma: perseguido hasta una situación fatal por policías.	20	—

	NOMBRE	EDAD	ASCENDENCIA / NACIONALIDAD
ESTADO DE WASHINGTON	**William Rosemond** 7 de febrero, 1998. Tacoma: perseguido hasta una situación fatal por policías.	32	—
	Larry Dawson 4 de febrero, 1994. Condado de King: perseguido hasta una situación fatal por policías.	51	—
	Guadalupe Rios 4 de febrero, 1988. Renton: disparada por policías.	32	chicana
	David Zaback 3 de febrero, 1990. Renton: disparado por policías.	33	—
	John Bernard McDonald 28 de febrero, 1992. (Universidad del distrito) Seattle: disparado por policías.	70	blanco
	Elwood Rayvon Lee 27 de febrero, 1993. Spokane: disparado por policías.	34	—
	Ross Linear 24 de febrero, 1994. Seattle: asfixiado por policías.	53	—
	Nicholas Ryan 23 de febrero, 1999. Kingston: disparado por policías.	23	—
	Shannon M. Bradley 22 de febrero, 1998. Longview: perseguida hasta una situación fatal por policías.	28	—
	Anthony Neiggale Lyons 21 de febrero, 1992. (Capitol Hill) Seattle: disparado por policías.	24	negro
	Elsie Delos Reyes 2 de febrero, 1998. Renton: perseguida hasta una situación fatal por policías.	80	—
	William M. Tucker 2 de febrero, 1988. Seattle: disparado por policías.	44	negro
	Dennis Rice 18 de febrero, 1995. Port Townsend: disparado por policías.	56	—
	Erdman Bascomb 17 de febrero, 1988. Seattle: disparado por policías.	41	negro
	Johnny Lee McElroy 16 de febrero, 1988. Seattle: disparado por policías.	41	blanco

NOMBRE	EDAD	ASCENDENCIA / NACIONALIDAD
Robert K. Mills 8 de diciembre, 1996. Twin Lakes: disparado por policías.	54	—
David McClure 31 de diciembre, 1996. Kalama: disparado por policías.	—	—
Robert Wayne Guy, Jr. 29 de diciembre, 1997. Seattle: rociado con gaspicante bajo la custodia de policías o guardias.	19	negro-latino
Patrick Raimond 28 de diciembre, 1998. Everett: disparado por policías.	39	—
Michael R. Ealy 28 de diciembre, 1998. Seattle: asfixiado por policías.	35	negro
Hombre no identificado 28 de diciembre, 1995. Spokane: disparado por policías.	—	—
Sourisack Simmavong 25 de diciembre, 1990. Seattle: disparado por policías.	20	asiático
Tama T. Ava 20 de diciembre, 1996. Federal Way: asfixiada por policías.	43	samoana
Kurt Ridener 20 de diciembre, 1992. Seattle: disparado por policías.	34	blanco
Ernesto Carlos Mata 19 de diciembre, 1993. Bellevue: disparado por policías.	17	latino
Patricia Ann Borgman 17 de diciembre, 1994. Spokane: disparada por policías.	39	—
Robert Good 17 de diciembre, 1990. Toppenish: disparado por policías.	16	—
Stephen Paul Marthaller 15 de diciembre, 1992. Renton: disparado por policías.	36	—
Antonio Jackson 14 de diciembre, 1993. Federal Way: asesinado a golpes por guardias de seguridad privada.	25	negro
Samuel Johnson 14 de diciembre, 1989. Auburn: disparado por policías.	41	—

	NOMBRE	EDAD	ASCENDENCIA / NACIONALIDAD
ESTADO DE WASHINGTON	**Don Stowell** 13 de diciembre, 1995. Spokane: disparado por policías.	41	—
	Donald Davis 13 de diciembre, 1990. Fife: perseguido hasta una situación fatal por policías.	29	—
	William Scott Scurlock 27 de noviembre, 1996. Seattle: disparado por policías.	41	blanco
	David Lewis Lambertsen 25 de noviembre, 1998. Lakewood: disparado por policías.	31	—
	Kai Michael Blesko 23 de noviembre, 1994. Kent: disparado por policías.	24	—
	Lynn C. Brooks 21 de noviembre, 1988. Seattle: disparada por policías.	34	blanca
	Patty DiBartolo 2 de noviembre, 1996. Spokane (South Hill Park): disparada por policías.	39	—
	Ralf C. Sanjurjo 15 de noviembre, 1996. Everett: disparado por policías.	32	—
	Lisa Marie Hensley 15 de noviembre, 1994. (Carcel del condado de Pierce) Tacoma: causas desconocidas bajo la custodia de policías o guardias.	33	—
	Josef Bosch 1 de noviembre, 1993. SeaTac: disparado por policías.	17	—
	Dennis Wayne Bowerman 8 de octubre, 1993. Seattle: disparado por policías.	50	blanco
	Paul Rushing 8 de octubre, 1993. Seattle: asfixiado por policías.	42	negro
	Paul Bickler 5 de octubre, 1988. Seattle: disparado por policías.	44	blanco
	Robert Allen 31 de octubre, 1992. Vancouver: disparado por policías.	38	—
	Shane L. Lowry 3 de octubre, 1996. Parkland:atropellado por un carro de policía por policías.	26	—

NOMBRE	EDAD	ASCENDENCIA / NACIONALIDAD
Carl Bolton 29 de octubre, 1995. Spokane: disparado por policías.	31	—
Horace Register 26 de octubre, 1998. Pasco: disparado por policías.	74	—
Hombre no identificado 20 de octubre, 1992. Lynnwood: disparado por policías.	—	—
Theresa Henderson 2 de octubre, 1997. sur de Seattle: asfixiada por policías.	24	negra
Rodney Ray Anderson 18 de octubre, 1990. Seattle: perseguido hasta una situación fatal por policías.	32	—
Aaron Lee Ahern **Michael Judson Brock** 17 de octubre, 1997. Vancouver: disparados por policías.	25 24	— —
Eric Alexander Valdez 17 de octubre, 1993. Kent: disparado por policías.	24	—
Hombre no identificado 16 de octubre, 1990. Tacoma: disparado por policías.	—	—
Kenneth Maurice Boyd 4 de enero, 1999. Tacoma: disparado por policías.	24	negro
Deborah A. Cooper 30 de enero, 1994. Des Moines: perseguida hasta una situación fatal por policías.	38	—
Rot Nguyen 29 de enero, 1993. Tacoma: disparado por policías.	17	asiático
William Melanson Jr. 25 de enero, 1994. Kent: disparado por policías.	24	—
Scott Waterhouse 23 de enero, 1996. Spokane: causas desconocidas por policías.	30	—
Mujer no identificada 22 de enero, 1996. Spokane: disparada por policías.	39	—
Michael Dries 22 de enero, 1996. Bellevue: disparado por policías.	38	—

	NOMBRE	EDAD	ASCENDENCIA / NACIONALIDAD
ESTADO DE WASHINGTON	**Benjamin Buell** 18 de enero, 1992. Bellevue: perseguido hasta una situación fatal por policías.	6	—
	Brian Edmond Hull 18 de enero, 1990. Seattle (Carcel del condado de King): negligencia médica bajo la custodia de policías o guardias.	21	—
	Edward Anderson 15 de enero, 1996. Seattle: disparado por policías.	28	negro
	Carl Pruitt 10 de enero, 1991. Auburn: perseguido hasta una situación fatal por policías.	28	—
	Hombre no identificado 1 de enero, 1995. Spokane: causas desconocidas por policías.	40	—
WEST VIRGINIA	**Amanda Smailes** 24 de noviembre, 1996. Marinsburg: perseguida hasta una situación fatal por policías.	21	blanca
WISCONSIN	**Reinhold Deering** Marzo 1995. (Gillett) Condado de Shawano: disparado por policías.	69	—
	Kimberly Carr **Hombre no identificado** **Clifton Bernard Wallace** Abril 1995. Noroeste de Milwaukee: perseguidos hasta una situación fatal por policías.	18 20	— —
	Persona no identificada Abril 1995. Noroeste de Milwaukee: perseguidas hasta una situación fatal por policías.		
	Laura Sue Ackland 4 de agosto, 1997. Noroeste de Milwaukee: perseguida hasta una situación fatal por policías.	39	—
	Clarence Michael Thurman III 3 de agosto, 1996. Milwaukee: disparado por policías.	25	afroamericano
	Hombre no identificado 26 de agosto, 1998. Milwaukee: perseguido hasta una situación fatal por policías.	19	—
	Brian J. Ackley **Scott A. Lunda** 12 de agosto, 1998.Este de Marshall: perseguidos hasta una situación fatal por policías.	13 13	— —

NOMBRE	EDAD	ASCENDENCIA / NACIONALIDAD	
David L. Cross 11 de agosto, 1998. Milwaukee: disparado por policías.	39	—	WISCONSIN
Antonio Davis, Jr. 3 de julio, 1998. Norte de Milwaukee: disparado por policías.	24	—	
Demetrik Moore 25 de julio, 1996. Milwaukee: causas desconocidas por policías.	—	—	
Calvin D. Harrington, Jr. 21 de abril, 1997. Condado de Milwaukee: disparado por policías.	26	—	
Thomas Jackson 16 de abril, 1997. Milwaukee: asfixiado por agencias policiacas no determinadas.	—	—	
Timothy D. Wing 21 de marzo, 1997. Madison: disparado por policías.	38	—	
Andy Gill **Eddie Gill** 17 de marzo, 1998. Noroeste de Milwaukee: atropellados por un carro de policía por policías.	16 19	— —	
David Fowler 12 de febrero, 1998. Milwaukee: disparado por policías.	23	afroamericano	
Mario Cenin 4 de diciembre, 1995. Melvina: disparado por policías.	43	—	
James Ray Guerrero 1 de noviembre, 1997. Milwaukee: disparado por policías.	22	—	
Deborah J. Meyer 28 de enero, 1999. Kenosha: disparada por policías.	31	—	
Rene Campos Fecha desconocida. (bajo carcel) Madison: causas desconocidas bajo la custodia de policías o guardias.	23	chicano	

	NOMBRE	EDAD	ASCENDENCIA / NACIONALIDAD
WYOMING	**Thomas Cruz** 10 de junio, 1996. Laramie: asfixiado por policías.	32	—
	Hector Leon Aoah	joven	—
	Otros 4 adolecentes 9 de mayo, 1998. Reserva indígena Wind River: perseguidos hasta una situación fatal por policías.	—	—
	Zeb Richenberg 10 de mayo, 1998. Basin: disparado por policías.	18	—